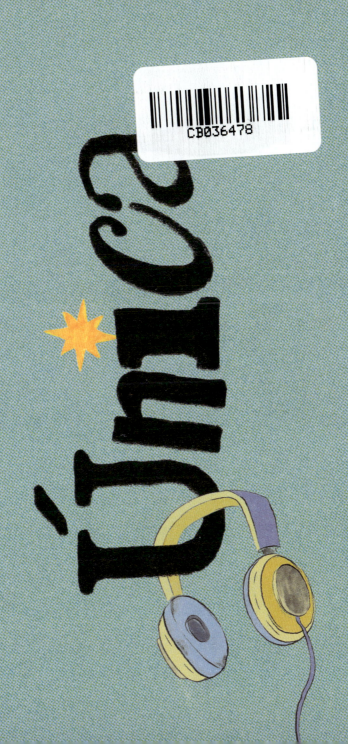

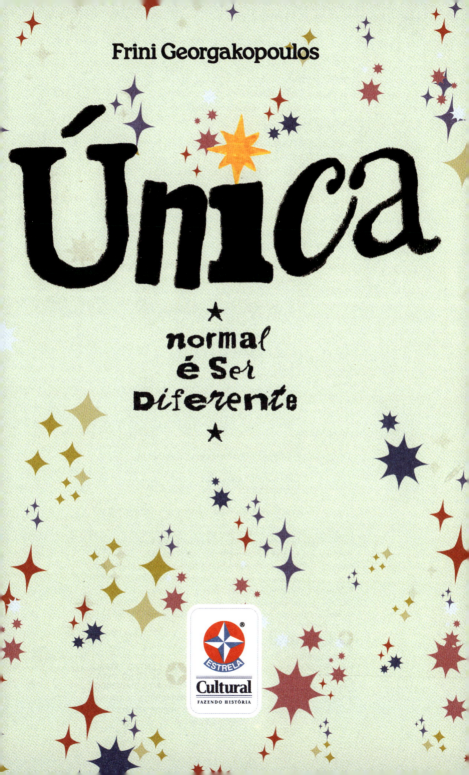

© 2024 – Todos os direitos reservados

GRUPO ESTRELA
Presidente: Carlos Tilkian
Diretor de marketing: Aires Fernandes

EDITORA ESTRELA CULTURAL
Publisher: Beto Junqueyra
Editorial: Célia Hirsch
Coordenadora editorial: Ana Luíza Bassanetto
Ilustração de capa: Lila Cruz
Capa e projeto gráfico: Luísa Guarnieri e Guilherme Xavier (Desenho Editorial)
Diagramação: José Antonio Rubino (Desenho Editorial)
Revisão de texto: Luiz Gustavo Micheletti Bazana
Consultoria: Mary C. Müller

Dados Internacionais de Catalogação na Publicação (CIP)
(Câmara Brasileira do Livro, SP, Brasil)

Georgakopoulos, Frini
   Única : normal é ser diferente / Frini Georgakopoulos. -- 1. ed. -- Itapira, SP : Estrela Cultural, 2024.

   ISBN 978-65-5958-090-3

   1. Amizade - Literatura infantojuvenil
   2. Inclusão social - Literatura infantojuvenil
   3. Neurodiversidade I. Título.

23-183415   CDD-028.5

Índices para catálogo sistemático:

1. Literatura infantil   028.5
2. Literatura infantojuvenil   028.5

Aline Graziele Benitez - Bibliotecária - CRB-1/3129

Proibida a reprodução total ou parcial, de nenhuma forma, por nenhum meio, sem a autorização expressa da editora.
1ª edição – Itapira, SP – 2024 – IMPRESSO NO BRASIL
Todos os direitos da edição reservados à Editora Estrela Cultural Ltda.

© Copyright Frini Georgakopoulos 2024.
Todos os direitos reservados à autora
Direitos desta edição negociados pela Authoria Agência Literária & Studio

Rua Roupen Tilkian, 375
Bairro Barão Ataliba Nogueira
13986-000 – Itapira – SP
CNPJ: 29.341.467/0001-87
estrelacultural.com.br
estrelacultural@estrela.com.br

Conhecer a nós
mesmos pode ser um
processo desafiador.
Saiba que você
não está só.
"Continue a nadar." ✪

Prólogo
8

Hoje (novembro)
12

No início do ano letivo (março)
16

Um pouco de contexto
40

De volta ao início do ano letivo
48

Hoje
(novembro – dia da apresentação)
52

De volta ao dia do convite
para o projeto
54

Theodoro
60

Naquela tarde...
66

Hoje
(dia da apresentação do projeto)
182

No meio do ano letivo
188

Hoje
(de volta ao auditório)
220

Epílogo
228

Nota da Autora
233

Livros e Links
235

Agradecimentos
236

Biografia
238

Prólogo

Eram 5 horas da manhã quando o seu corpo caiu na água. Toda vez que seu corpo – acalorado depois de uma caminhada acelerada por três quarteirões – chocava-se contra a água, várias coisas aconteciam ao mesmo tempo.

A primeira era a sensação de choque térmico. Não o suficiente para ser problemático para a sua saúde, mas intenso para trazer o foco de volta para onde ela estava e para o que deveria fazer.

A segunda era a sensação de acolhimento. Ao sumir da superfície por alguns segundos, o quase-silêncio de estar embaixo da água era reconfortante. Ela tinha lido a respeito algumas vezes e muitos comparam a atmosfera embaixo da água como um retorno ao útero materno. Ela não acha que o que a reconforta é relembrar de onde veio, mas sim fechar-se para onde está. E isso sim é muito bem-vindo.

E a terceira era ele, o foco. Assim que seu corpo voltava a atingir a superfície, as braçadas começavam, assim como a respiração treinada intercalada com o bater de pernas. Os olhos castanhos protegidos por óculos se focavam nos ladrilhos no fundo da piscina. E a contagem começava até a cambalhota, o empurrar contra uma das extremidades da piscina e tudo recomeçar.

A caminhada de três quarteirões era feita todos os dias, inclusive aos finais de semana, sempre de madrugada. Ela vestia seu maiô preto embaixo de uma calça de moletom bem batida e uma camiseta. Na mão ia uma sacola de lona com uma toalha, óculos para natação e a toca. Nos pés, chinelos surrados faziam ressoar ta-flap, ta-flap, ta-flap contra o cimento das calçadas.

Em seu bairro, esse era um dos poucos prédios com uma piscina. Ela não era olímpica, nem de perto! Ela não era muito grande, tinha bordas lascadas e estava sempre fria. Mas era limpa e disponível para seu uso, mesmo não sendo moradora. E isso era tudo o que ela poderia pedir.

O Sr. Inácio, zelador do prédio, era conhecido antigo de sua mãe. Ele sabia do amor que ela tinha por natação, ou melhor, sabia o quão essencial o esporte era para ela. Ele sabia disso e a síndica do prédio também, assim como todos os moradores ao redor. Ela e outros jovens e crianças do bairro tinham a liberdade de frequentar a piscina do prédio no verão. No caso dela, os moradores nem reclamavam do barulho de braçadas e pernadas tão cedo de manhã durante o ano inteiro. Dona Alzira, que morava no primeiro andar bem de frente para a piscina, dizia que saber que já tinha gente nadando a ajudava a se levantar e começar o dia.

E os adultos responsáveis por essas crianças pagavam pelo uso da piscina como podiam: ajudavam a organizar as festas de aniversário de alguém, quem tinha carro dava carona para quem não tinha, e quem tirava as melhores notas na escola ajudava os demais a melhorar as próprias.

O verão carioca é implacável e não se importa se você tem como se refrescar. Quando se mora longe, bem longe da praia, as pessoas se viram com o que é viável. E, no caso dela, essa piscina era mais do que o suficiente para o ano inteirinho.

– Aposto que se uma marca famosa a visse nadar, a patrocinaria. Ela poderia ser uma grande atleta – diz Dona Alzira ao entregar uma caneca de café para Inácio.

— Eu perguntei para a mãe dela sobre isso uma vez – responde o zelador, ao pegar o café e dar um gole – Ela disse que Celeste não gosta do barulho.

— Não gosta do barulho? Do quê? Da torcida? – Dona Alzira pergunta ao ver Celeste dar o que parecia ser a vigésima cambalhota e nadar para o outro lado da piscina – Nunca ouvi isso.

— Nem eu. Mas é isso aí – diz Inácio ao olhar o relógio e soltar um assobio alto. Ao ouvir o som, Celeste para e se vira para ele, que aponta para o relógio.

Celeste sai da piscina exatamente às 5 horas e 42 minutos da manhã. Nervosa por estar 2 minutos atrasada, sobe na borda da piscina, joga a touca e os óculos na bolsa, seca-se rapidamente e enfia a calça e a camiseta.

— Nada de correr e escorregar nos chinelos, Celeste – avisa Inácio.

— Pode deixar – Celeste responde e acena para os dois timidamente ao passar.

— Ah, e Rodrigo pediu para te lembrar que vai te mandar mensagem depois da aula – Inácio fala.

— Ah, tão namorando, é? – Dona Alzira pergunta e Celeste faz que não com a cabeça.

— Estamos vendo um seriado juntos. Hoje é dia de a gente conversar sobre alguns episódios.

— E como isso funciona? – insiste Alzira e Inácio revira os olhos por cima da cabeça da senhora curiosa. Celeste vê o gesto e sorri. Ela lembra que o filho do zelador faz a mesma coisa quando está sem paciência para o que alguém está falando.

— Como isso funciona? Bem, eu já vi a série toda e é minha preferida. Mas Rodrigo não viu. Então estou acompanhando o progresso dele e comentando as reviravoltas. É muito legal e dá muita vontade de ver tudo de novo! – Celeste fala empolgada e se força a interromper o papo, apertando o passo e soltando um "Até amanhã" por cima do ombro. Se pudesse, ela explicaria cena a cena para Dona Alzira, mas está ficando sem tempo.

Ta-flap, ta-flap, ta-flap fazem os chinelos, agora um pouco molhados, quando ela começa a caminhar – rapidamente, mas sem correr – pela rua, a toalha ao redor do pescoço, ainda secando os cabelos – bem curtos na nuca e mais longos na frente.

Ao chegar ao próprio prédio, Celeste sobe os três andares correndo e entra como um furacão em casa. Sua mãe está se arrumando para o trabalho no quarto e o cheirinho de café sendo passado toma conta do ambiente.

Celeste toma um banho rápido, esfregando *shampoo* com cheiro de limão-siciliano nos cabelos. Ela esfrega exatamente cinco vezes antes de enxaguar e repetir o processo. Faz o mesmo com um pouquinho de creme – a medida exata da ponta do seu dedo mindinho da mão esquerda. Mas o processo do creme não é repetido. O sabão também leva o mesmo cheiro cítrico que o *shampoo*. Em exatos 6 minutos, ela está de banho tomado, seca e já com metade do uniforme vestido quando tira a toalha dos cabelos e os seca rapidamente na frente do espelho. Na sequência, leva para a área de serviço os chinelos, a toalha, o maiô e a roupa, pendura tudo metodicamente no varal e volta para a sala.

Antes das 6 horas e 30 minutos da manhã, Celeste já está pronta e na frente do prédio para ir à escola. Essa rotina se repete todos os dias, de todas as semanas, de todos os meses. E rotina é algo importante na vida de Celeste.

Hoje
(novembro)

capítulo 1

– Eu já sei que é você pelo cheiro – fala uma menina alta, com cachos volumosos presos em um rabo de cavalo no alto da cabeça.

– Você sabe que sou eu porque sempre desço aqui – responde Celeste ao retirar enormes fones de ouvido vermelhos da cabeça e pousá-los ao redor do pescoço. Ela faz isso ao descer de uma *van* e encontrar com a menina na lanchonete a alguns quarteirões de distância da escola. Elas caminham uma ao lado da outra em silêncio.

– Antes de você voltar a ligar o fone, deixa eu te perguntar uma coisa: Você está pronta?

Os olhos castanhos de Celeste encontram os cor de mel de Malu e nenhuma pisca. Malu tem exatas quinze sardas de um tom de marrom mais escuro do que o da sua pele. Elas estão localizadas bem abaixo dos olhos e por cima do nariz. Celeste sabe que são de nascença, e não por jogar vôlei na praia ignorando o protetor solar, protetor esse que Celeste usa religiosamente toda vez que pensa em colocar o pé na areia.

De segunda a sexta, essa é a rotina de Celeste: café da manhã leve, natação, banho, escola. E ela sabe que Malu tomou um café mais robusto, mas que trouxe barrinhas extras de cereais para Celeste. E que, assim que voltarem a andar uma ao lado da outra, vai puxar uma da mochila e oferecer para ela por cima do ombro. E Celeste vai aceitar.

Ao olhar para o rabo de cavalo de Malu, Celeste sabe que a menina também já tomou banho e já secou os cabelos com um secador com difusor. Diferentemente do corte curto dela, Malu tem cachos longos e volumosos, algo que seria impraticável em uma touca de natação, ou no mínimo trabalhoso demais. Não iria funcionar nos horários que Celeste tem e ela sabe que é por isso que Malu acorda tão cedo quanto ela quando precisa lavar os cabelos. No lugar de limão-siciliano, Malu prefere *shampoo* de camomila. Diz que acalma sua personalidade assertiva (mas que alguns chamam erroneamente de agressiva). Além da mochila, Malu também carrega uma sacola com roupas de ginástica, joelheiras e uma *nécessaire* cheia de pomadas para dor, esparadrapos e outras coisas para firmar pulsos e dedos. Só que, ao contrário de Celeste, o esporte de Malu será praticado depois da aula, em grupo. E, depois da aula, tudo vai mudar. De um jeito ou de outro. De novo.

Alguns meses atrás, Celeste nunca poderia imaginar que viria a considerar Malu uma grande amiga. Por mais que dividisse turma com ela desde pequena, elas nunca foram próximas. No início do ano, Celeste não saberia dizer qual seria a rotina matinal de Malu. Ela não saberia dizer nem se importaria com isso. Mas agora ela sabe e se importa. Depois da aula tudo vai mudar sim, mas muito já mudou. E mudanças geralmente incomodam Celeste, mas não mais.

– Estou – diz Celeste e volta a colocar os fones de ouvido.

– Já mandei mensagem pra galera. Eles disseram que está tudo pronto da parte deles também. Vai dar certo, Céu. Eu sei que vai – Malu diz e sorri, antes de começar a andar ao lado da amiga e oferecer a barrinha de cereal, que Celeste aceita.

Celeste liga o aplicativo no celular e o barulho constante de chuva invade seus ouvidos, tampando tudo ao redor. Isso acontece exatamente no último quarteirão antes de chegarem à escola, justamente quando o caos de muitas vozes falantes alto e juntas é mais forte.

Capítulo 1

Ela olha ao redor e vê um Rio de Janeiro que começa mais um dia de calor, sol, com gente indo trabalhar, estudar, turistar... mas nos ouvidos dela chove.

No início do ano letivo (março)

capítulo 2

— Quantas vezes eu preciso explicar que não existe "pausa" em um jogo *on-line*, mãe?

— E quantas vezes eu vou ter que dizer que você está atrasado? Não me faça desligar a luz da casa, Carlos Eduardo!

Todo dia é a mesma coisa: Dra. Eunice chega do plantão do hospital e lá está o filho, dedinhos voando no controle do *videogame* e olhos que mal piscam. Ela poderia brigar com ele, mandá-lo estudar, mas as notas são boas. O que mais uma mãe poderia querer?

Na verdade, muitas coisas. Gostaria que o filho se interessasse por pessoas reais e não somente aquelas que conhece no *videogame*. Gostaria que o menino tivesse amigos de carne e osso e não só avatares (ou *handle*? *nicks*?). Gostaria que ele não passasse a adolescência, os anos formadores tão importantes, grudado na cadeira *gamer*.

Mas essa é a realidade que Dra. Eunice vê, o que, na maior parte da vida dos pais de adolescentes, é parcial. Parece que, quando adultos se tornam pais, eles se esquecem que já foram crianças, adolescentes, filhos. De repente, é tudo expectativa e "precisamos falar sobre o seu futuro". E a realidade da Dra. Eunice, pediatra em um grande hospital privado no Rio de Janeiro, é esta: ela vê muitas "jovens pessoas" no seu pior. E seu dever como mãe é evitar todas as possibilidades de "pior" para seu único filho. A cada caso que sua equipe não consegue ajudar, ela volta para casa e abraça Cadu mais forte, reza com mais fervor, e pede que nada lhe faça mal. Seu jovem *nerd* (ou é *geek*?), *gamer*, lindo menino.

Única

E, como todo adolescente, Cadu também tem uma visão parcial da realidade. Embora ele secretamente adore os abraços apertados da mãe, sempre solta um "ah, chega" ou alterna com um "eu não sou criança, mãe". Na sua visão da realidade, sua mãe não quer que ele cresça. Ou pior, quer que ele siga passos para um futuro que ela criou. Só que ele acha que ela não tem ideia de quem ele é na verdade. E isso o apavora.

— Carlos Eduardo, eu vou contar até três – Dra. Eunice grita do andar de baixo da casa. Não passou do "um" e Cadu já está descendo os degraus, dois a dois, enfiando os braços pelas alças da mochila.

— Você desligou o computador?

— Óbvio.

— Óbvio nada, porque sei que você ficou baixando a nova versão do jogo outro dia.

— Mãe, isso era no console, e não no computador. E, pelo amor de Deus, como é que você...

— Eu sou mãe. É meu dever saber das coisas. Agora anda, menino!

Dra. Eunice dá um beijo no rosto de Cadu, tira a marca de batom e o menino voa para o carro que o está esperando. Cadu pega carona com Gabriela, que mora na rua dele e estuda na mesma classe. Gabriela joga vôlei na escola e é considerada popular. Mas Cadu a considera legal e uma coisa aliada a outra é tecnicamente boa, né? Levando em consideração que se conhecem desde pequenos, ela ser popular e ele não nunca foi um problema na amizade dos dois.

— Deixa eu adivinhar, *Liga Lendária* ou *Mundo das Guerras*? –* Gabriela pergunta enquanto aplica *gloss* nos lábios, os olhos fixos no próprio reflexo criado pela câmera do celular.

— *O Último Sobrevivente* e não fala pra minha mãe, tio. É sobre um vírus mortal e ela já está agoniada demais.

Capítulo 2

– Cadu, deixa eu te contar uma regra dos pais – o pai de Gabriela fala enquanto solta o freio do carro e segue o caminho para o Colégio Santa Inês, que fica em um bairro próximo – E não só entre pais e mães, tá? É entre qualquer adulto responsável por um jovem humano. É o seguinte: um responsável não mente para outro. Então, não, não vou contar para sua mãe voluntariamente. Mas se ela perguntar...

– Tudo bem, tio. Eu entendi – resmunga Cadu enquanto clica o cinto de segurança no banco de trás.

– Relaxa, Cadu. É só um *videogame* – diz Gabriela enquanto fixa os olhos azul-piscina no menino pelo reflexo. Seu sorriso abre quando ele encontra seu olhar, o rosto zangado e o fôlego subindo, repleto de argumentos sobre como *videogames* e a palavra "só" nunca podem estar na mesma frase.

– Ah... tá bom... você tá me zoando. Só para variar – Cadu responde, Gabriela ri e seguem caminho.

"Relaxar" é um verbo que não anda fazendo muito sentido para Cadu e isso faz parte do porquê ele anda tão apavorado. Ao olhar como Gabriela e seu pai conversam no carro, relaxados e completamente à vontade um com o outro, ele pensa nos próprios pais. Eles já foram assim também. Mas faz um certo tempo que Cadu sente que precisa conversar com eles sobre uma coisa muito, muito importante. Mas ele ainda não sabe como puxar o assunto. E esse "não saber" o deixa agoniado. Porque ele sabe que segredos guardados têm uma maneira de serem expostos quando menos se espera. E isso ele realmente não quer que aconteça. Sinceramente, seria mais fácil perder na última fase do seu *game* favorito e ter de começar do zero do que passar por isso. Enquanto ele não acha a forma certa de conversar com os pais, relaxar é algo que não vai rolar.

O Colégio Santa Inês (ou CSI, para os estudantes e quem adora a antiga série de TV) é uma escola renomada no Rio de Janeiro. Localizada em um bairro considerado bom, ela é tradicional, ou seja, focada completamente em passar alunos no vestibular. É uma escola católica, o que volta e meia rende debates na aula de Ensino Religioso, geralmente liderados por Malu, que é espírita, e por Gabriela, que é ortodoxa.

– Olha, se a aula é de religião, por que não estamos estudando várias delas? Por que somente a católica? – Gabriela perguntou.

– E lá vamos nós – sussurrou Cadu, recostando-se na cadeira.

– Concordo. Por que não as de matriz africana, a judaica e a muçulmana? E as orientais? E as pagãs? – completou Malu na ocasião, umas das poucas vezes que concordara com sua companheira de time.

– Porque estamos em uma escola católica e... – a professora começou, mas foi interrompida por Celeste.

– Não faz sentido. Se a aula é de religião, é de todas. Isso é ridículo.

– Menina, você está dizendo que catolicismo é ridículo? Ora, nunca vi tamanho desrespeito com...

– Não. Estou dizendo que o conteúdo da matéria não é coerente com o nome dela. E isso é ridículo. Se estamos em uma escola é para fazer sentido. Isso não faz.

Esse episódio não foi o primeiro que juntou Malu, Gabriela e Celeste na coordenação. E não seria o último. Embora as três fossem da mesma turma, Celeste achava que poderiam

Capítulo 3

estar em galáxias diferentes de tão distantes que a realidade delas era da sua. Assim como Celeste, Gabi e Malu estudavam no CSI desde pequenas. Mas é aí que as semelhanças entre elas acabavam. Malu e Gabi moravam em bairros opostos ao de Celeste, tinham um grupo grande de amigos, sempre eram convidadas para todas as festas e estavam cercadas de pessoas. Não que Celeste quisesse ir a festas e estar rodeada de tanta gente. Mas ela admirava as duas por serem autênticas mesmo quando questionadas por outras pessoas, como foi o caso na aula de Ensino Religioso.

Celeste tinha verdadeiro horror a trabalhos em grupo, porque era usual que tudo caísse sobre seus ombros para fazer e os outros integrantes só quisessem levar o crédito. Nas primeiras vezes, Celeste discutiu e não aceitou fazer trabalhos sozinha. Mas essa atitude correta de sua parte rendeu a implicância de várias outras pessoas. E, com o passar do tempo, Celeste passou a preferir o trabalho à animosidade dos colegas de turma, algo que seu melhor amigo Theodoro não fez (e que o rotulou como o "sem-noção" da classe).

Mas tudo mudou quando Malu e Gabi passaram a fazer trabalhos de grupo com ela. Embora as duas volta e meia discutissem entre si, elas sempre eram justas com todos e nunca deixaram que os mais malandros da turma usassem a inteligência de Celeste para ganho próprio.

– O trabalho não é em grupo? Então o grupo todo vai fazer – Malu disse uma vez e sua liderança era inquestionável. Depois disso, essas atividades tornaram-se um pouco menos sofridas para Celeste.

Além disso, sempre que ela cruzava com Malu ou Gabi pelos corredores da escola, elas sempre sorriam, acenavam ou falavam com Celeste. Isso não era o mesmo que serem amigas, mas era muito mais do que serem apenas colegas. Pelo menos era para Celeste. E foi por isso que ela se sentiu à vontade para também dar sua opinião no debate na aula de Ensino Religioso. As três formaram uma frente importante naquela aula e Celeste se sentiu parte de algo maior. Até chamarem os pais de todas na escola e Celeste se arrependeu. Mas só um pouquinho.

A mãe de Malu, uma grande empresária do ramo de comunicações, apoiou os argumentos das meninas. O mesmo aconteceu com o pai de Gabriela, um artista plástico famoso no país. Mas a mãe de Celeste chegou muito tempo depois, quando a questão já havia sido debatida e finalizada: o currículo seria reavaliado para que as aulas de Ensino Religioso contemplassem o máximo possível de diferentes crenças e o nome fosse mudado para Teologia.

Enquanto estava sentada na cadeira do lado de fora da sala da coordenação, Celeste sabia o que ia acontecer e que era, basicamente, o que sempre acontecia quando sua mãe era chamada na escola: ela ia chegar esbaforida, pedindo desculpas por algo que ela não sabia o quê, e perguntaria se ela estava bem. E aí o pior ia começar a acontecer...

– O que aconteceu? Você está bem? – disse Sueli, ao chegar esbaforida.

A mãe de Malu já tinha voltado para o trabalho e as meninas já tinham retornado para a sala de aula. Mas o pai de Gabriela escolheu ficar e aguardar com Celeste até sua mãe chegar. Era bom ter a companhia de um adulto que aparentava ser sossegado, sem ter a necessidade de ficar preenchendo o silêncio com perguntas inúteis ou observações sem propósito.

– Estou. Por que não estaria? – respondeu Celeste, voltando sua atenção para a mãe.

– Minha filha, me ligaram daqui dizendo que você entrou em uma discussão e...

– Eu não entrei em discussão. Eu só disse o óbvio.

– Oi, meu nome é André, sou pai da Gabriela – ele disse calmamente ao se levantar e estender a mão.

Capítulo 3

Celeste viu que a mãe mal tinha notado a presença do pai de Gabriela. Ele era alto, de pele clara e olhos azuis. O cabelo era comprido, de um tom de loiro escuro e estava preso no topo da cabeça em um coque desarrumado. Celeste sabia que sua mãe ainda estava muito tensa (dava para ver os ombros retraídos), ainda imaginando todos os piores cenários que poderiam ter acontecido e as consequências deles para a sua filha, para a sua família (isso era algo que ela repetia sempre). Mas o sorriso tranquilo de André a acalmou um pouco.

Sueli respirou fundo, mentalizando o óleo essencial de lavanda que estava na sua bolsa. Será que se o tirasse no meio do papo ele ia achá-la louca, além de atrasada?

Celeste viu a mãe cumprimentar o pai de Gabriela e notar as roupas dele: calça cargo cinza, camiseta branca, tênis e tudo – inclusive as mãos – com respingos de tinta. Celeste já tinha notado tudo isso porque já tinha nomeado todas as cores que conseguira identificar nos respingos de tinta. E já tinha contado todos eles. Pensando na pesquisa que andava fazendo, seria essa uma outra característica do que suspeitava?

– Prazer. Obrigada por ter esperado com ela – Sueli começou, despertando Celeste do hiperfoco. André levantou as mãos em um gesto que dizia "tudo bem".

– Olha, eu esperei não porque Celeste precisava, mas porque acho que você deveria saber o que aconteceu e o que foi resolvido – E André colocou Sueli a par de tudo o que tinha acontecido enquanto Celeste permanecia sentada, agora com os dedos voando pela tela do celular, mandando uma mensagem para a única pessoa que ia entender o que estava acontecendo.

Celeste: Oi. Ela vai fazer de novo.

Theodoro: Oi. Ela quem? Fazer o quê?

Celeste: Falar por mim. Falar como se eu não estivesse aqui.

Theodoro: Já conversamos sobre isso. Você precisa falar pra ela, Celeste. Precisa contar a ela sua suspeita.

Celeste: Eu sei. Vou contar. Mas eu sei que ela não vai ouvir. Ou pior... Theo, e se ela achar a mesma coisa que meu pai?

Theodoro: Ela não é o seu pai.

— Meu Deus, eu não entendo por que ela fez isso. Peço que me desculpe e... – E lá estava o pedido de desculpas. Demorou mais do que o normal para a mãe emiti-lo, sendo que Celeste não via razão para isso.

— Pelo que a minha filha e a Malu disseram, acho que elas não estão erradas, né?

— Não, não estão. Mas é que... bem, deixa pra lá. Muito obrigada novamente pela ajuda. Eu trabalho muito longe daqui e não consegui chegar a tempo, não me liberaram e...

— Olhe, não se preocupe. A Celeste tem o telefone da minha filha e, qualquer coisa, ela consegue me achar. Minha esposa trabalha viajando muito, mas eu estou sempre em casa. Precisando de um apoio, é só chamar.

— Obrigada. Agradeça, Celeste.

— Pelo quê? – Celeste respondeu ao voltar o olhar para os dois.

— Não precisa agradecer. Até mais – André disse e saiu da sala.

Celeste sentiu sua mãe buscar sua mão e o gesto geralmente era de aconchego, mas o puxão que ela deu para que ela se levantasse a irritou muito. Ela não era uma criança! Tinha 16 anos e não tinha a menor razão para ser tratada como uma garotinha que fez birra na aula.

Ela puxou a mão de volta e saiu andando em direção à saída da escola. Sua mãe levou alguns segundos antes de seguir ao seu lado, sem tentar novamente pegar sua mão. Celeste sabia que milhões de coisas deveriam estar passando na cabeça de sua mãe no momento. Ela sabia disso, mas será que sua mãe sabia que a mesma coisa estava acontecendo

Capítulo 3

na sua? Porque, ultimamente, parecia que não. Ultimamente, parecia que Celeste se tornara um fardo para ela, algo que ela nunca sentiu ser antes. Ultimamente, muitas coisas tinham mudado e Celeste não sabia exatamente o porquê. De repente, Theo deveria estar certo: ela precisava conversar com sua mãe para explicar como se sentia. Ela precisava entender o que andava acontecendo na sua pequena família. Mas não naquele momento, não ali.

Do lado de fora da escola, Sueli começou a andar para o ponto de ônibus, mas Celeste parou e começou a sacudir a cabeça devagar. Pela hora, todas as conduções que teriam de pegar para chegar em casa estariam lotadas e Celeste, mesmo com fones de ouvido tocando seu barulho de chuva no máximo volume, não conseguiria suportar a quantidade de gente em volta. E Maurício, um dos vizinhos que tinha uma *van* e geralmente dava carona de ida e vinda para ela e outras pessoas que trabalhavam em lugares próximos, já havia partido.

Então, Celeste observou Sueli puxar o celular e pedir um carro de aplicativo, assinalando tudo o que fosse possível no pedido: não quero conversar, não quero rádio tocando, não quero janelas abertas, não quero nada!

– Olhe esses preços. Eu não posso ficar gastando dinheiro assim, Celeste, você sabe disso – Sueli disse ao confirmar a corrida, que, a essa hora, vai custar uma fortuna. Celeste, que já havia colocado os fones de ouvido e estava puxando as alças da mochila laranja para a frente, fazendo com que ela colasse em suas costas, dando uma falsa sensação de segurança, sentiu o olhar da mãe, mas não o retornou.

– Minha linda menina... o que vou fazer com você? – Sueli perguntou baixinho, mas Celeste não ouviu.

Durante o caminho para casa, Celeste se perdeu no barulho da chuva, pensando em como puxar assunto com a mãe, enquanto ela, sentada ao seu lado, esperava que os santos, os deuses e as entidades nas quais Celeste não acreditava ouvissem e ajudassem, porque não há óleo de lavanda no mundo que poderia dar jeito na atual situação.

capítulo 4

Celeste e Sueli moram sozinhas em um prédio antigo em um bairro bem longe da escola. Não tem elevador, o que é algo que Sueli detesta, mas Celeste ama. Enquanto Sueli acha péssimo ter que subir e descer três andares, Celeste sabe que nunca vai ficar presa no elevador e que, se algum vizinho quiser puxar assunto, ela só precisa apressar o passo e descer ou subir mais rápido.

Naquele dia, as duas subiram em silêncio, Celeste ainda com os fones de ouvido, que só foram retirados para serem pousados ao redor de seu pescoço depois de entrarem em casa. Assim que entraram, antes que ela pudesse pensar em puxar ar para informar à mãe que queria conversar, Celeste sentiu a leve pressão das mãos da mãe em seus ombros, fazendo-a se virar e encará-la.

— Celeste, você sabe que o que aconteceu é complicado, não sabe?

— Complicado como, mãe?

— Meu bem, você não é como as outras pessoas da sua escola, você sabe disso. E qualquer coisa é razão para eles quererem... meu Deus, ainda bem que eles não têm o telefone do seu pai.

— Por que eles teriam? Ele não aparece – Celeste disse e aí estava a deixa para que ela falasse logo o que queria dizer, até porque o pai era um assunto dolorido para as duas. — E sim, eu sei que sou diferente, mas até aí eles sempre souberam também. Qual é o problema?

Sueli apertou a ponta do nariz com força o suficiente para distraí-la momentaneamente da dor de cabeça que estava começando a se formar. Ela colocou a bolsa em cima da mesa da sala e voltou a encarar Celeste.

Ali, naquele olhar da sua mãe, Celeste soube que tinha algo que ela não tinha contado, algo que estava escondendo. Mas o quê?

– Aconteceu alguma coisa, mãe? – Celeste perguntou, tirando a mochila das costas e pousando-a ao lado da bolsa da mãe, em cima da mesa.

Sueli suspirou profundamente e Celeste viu os olhos da mãe brilharem com lágrimas se formando.

– Aconteceu, Céu, mas não se preocupa. Tá tudo bem e o que não está vai ficar, tá bom? – Sueli falou, sua voz tremendo, claramente evitando chorar.

Celeste tinha tomado coragem para falar com a mãe, para explicar o que vinha pesquisando e o que a estava entristecendo no comportamento da mãe, mas ao vê-la parecendo tão abalada, com o corpo jogado para a frente, como se um peso enorme estivesse sobre seus ombros, desistiu. Mais uma vez.

Ela foi para o quarto, levando a mochila consigo e os enormes fones de ouvido. Mal sentou na cama, seu celular vibrou com duas mensagens.

Theodoro: Falou com ela?

Rodrigo: Céu, em qual episódio paramos mesmo? Eu comecei a ver um, mas acho que pulei alguma coisa. Nada faz sentido!

Celeste (para Theo): Ainda não. Mas vou falar.

Celeste (para Rodrigo): Você deve ter dormido no meio do último que vimos. Foi o terceiro da segunda temporada.

Theo: Eu não vou perguntar mais até você me dar notícias. Não gosto quando me pressionam, então não vou pressionar. Mas estou aqui.

Celeste: Obrigada, Theo.

Capítulo 4

Rodrigo: Aaaaah, agora saquei! Olha só, quantas temporadas tem *Arquivos Criminosos* mesmo? Ou melhor, quando que o Estevão vai finalmente ficar com a namorada? Ninguém dá beijo nessa série?

Ao ver a mensagem de Theo, o peito de Celeste se aliviou. Desde que ele a encontrou pesquisando um assunto específico no computador da sala de informática, eles começaram uma amizade. Era muito, muito bom poder conversar com alguém sobre a pesquisa que estava fazendo, já que – até o momento – ela não tomara coragem para conversar com a mãe sobre isso. Ela não tinha ninguém para conversar sobre isso e ter sido meio que descoberta por Theo foi a melhor coisa que aconteceu.

Já Rodrigo era seu único amigo de infância. Embora ela estudasse no mesmo colégio faz tempo e muitas pessoas estivessem com ela desde o início, ele e seus primos eram as únicas pessoas que realmente conheciam Celeste e que ela sentia que podia confiar. E todos sabiam do fascínio que Celeste tinha por um seriado específico. Ela não tinha conseguido que os primos assistissem, mas de tanto Celeste tagarelar para Rodrigo sobre *Arquivos Criminosos* – a melhor série de todos os tempos! –, ele resolveu assistir também.

Celeste: O nome da série é *Arquivos Criminosos*, garoto. Não é o tipo de série com muitos beijos. E sim, Reid vai ficar com a namorada. Mas você precisa ser paciente. Só acontece na oitava temporada.

Rodrigo: OITAVA?

Celeste: Você nem vai sentir passar de tão incrível que a série é! Juro!

Rodrigo: Eu acredito! Mas deixa eu te falar uma parada. Enquanto o Reid não beija ninguém na série, quando é que você e Bernardo vão finalmente se conhecer, hein?

Única

O rosto de Celeste mudou da cor pálida habitual para um tom forte de rosa ao ler o nome do amigo de Rodrigo no celular. Bernardo era o melhor amigo de Rodrigo, só que morava longe e eles só se viam nos finais de semana. Celeste só o encontrou algumas vezes, ele chegando no prédio do Rô enquanto ela estava saindo, depois de ter nadado. Só trocaram sorrisos e acenos e mais nada. Mas Celeste estava secretamente encantada porque ele era muito parecido com o ator que interpretava seu personagem favorito em *Arquivos Criminosos*. Era meio patético gostar de alguém porque ele parecia alguém famoso, mas não era só isso exatamente. Ele parecia simpático e bonito. Mas é claro que Celeste não falou nada disso para Rodrigo. Então, o coração dela quase saiu pela boca quando o próprio Bernardo passou a perguntar sobre ela para o amigo.

Rodrigo: Ele já perguntou por você essa semana. "Quando é que a sua amiga de cabelo curtinho vem nadar aqui de novo? Vamos marcar isso aí". Vocês iam se dar benzão! Tô só falando!

Celeste: Quem sabe a gente se encontra no fim de semana? Você sabe as horas em que eu nado. Conta pra ele.

Rodrigo: OLHA ELA, TODA INTERESSADA! Curti e vou contar. Vamos fazer algum *ship* dar certo nessa parada!

Com isso, Celeste riu e, momentaneamente, esqueceu o *stress* com a mãe.

— *Oi, Arnaldo. Tudo bem?* — Sueli falou sem qualquer simpatia na voz.

— *Escuta só, aconteceram algumas coisas e o dinheiro está apertado. Então, não conte com ele a partir de agora* — ele disse como se fosse algo trivial, como se pagar a pensão básica para a filha não fosse o mínimo que ele deveria fazer.

— *C-como assim? A pensão da Celeste?* — Sueli falou e agradeceu estar na hora do almoço quando o ex-marido ligou. Ela não saberia o que fazer se Celeste ouvisse a conversa.

— *Pois é. Acabou.*

— *Acabou? Você está maluco? Não existe "acabar". Sua filha está viva, em idade para receber esse dinheiro, que é o mínimo que você deveria fazer. Você não pode simplesmente cancelar isso, Arnaldo. Precisamos disso para pagar os estudos dela e...*

— *Milhões de crianças vão à escola pública. Não entendi por que ela não pode ir também.*

— *Você sabe muito bem por quê!*

— *Ei, não adianta gritar! Para de ser louca! Acabou e pronto. Não tenho culpa se você pariu uma garota quebrada.*

E, com esse comentário horrível, ele terminou a ligação.

Sueli lembra da ligação, ocorrida há alguns dias, como se tivesse acabado de acontecer. Porque ela não tem comido nem dormido direito e sabe que a filha devia ter notado a diferença. Celeste era peculiar sim, mas ela sabia que a mãe estava escondendo algo. E Sueli sabia que a filha também tinha algo que queria compartilhar.

Única

Deus, como ela iria conseguir dar conta de tudo? Como vai conseguir, sem qualquer ajuda financeira do marido, manter a filha na escola? Ela sabia que mudar Celeste de escola agora poderia ter um impacto grande no comportamento e no rendimento escolar da filha. Ela não quer pedir ajuda para os irmãos, mas talvez seja uma opção. Mas se Celeste voltar a ser chamada na coordenação, podem achar que ela não se encaixa mais na escola e pedir que ela seja retirada. E aí...

Sueli deixou escapar um soluço e rapidamente apertou uma das mãos sobre a boca para evitar que a filha ouvisse seu choro.

— Não se preocupa porque já resolvemos – disse Vera, a mãe de Malu, ao entrar em casa e tirar os saltos altos. O celular estava seguro entre o rosto e o ombro enquanto ela se voltava para trancar a porta. Malu estava sentada na frente da televisão, em um confortável sofá, as longas e fortes pernas esticadas à sua frente, toalha enrolada na cabeça e controle remoto na mão.

Depois da questão da aula de Ensino Religioso, Malu e Gabi voltaram para a aula e a mãe de Malu teve de voltar ao trabalho. O dia passou sem muitas questões, até o treino de vôlei depois da aula. Na ida para a quadra, ela viu a mãe de Celeste a levando embora. Queria ter esperado com ela, mas sabia que não iriam deixar. E nem sabia ao certo se Celeste gostaria da companhia. Engraçado como ela sempre estudou com a colega, mas nunca realmente conversou com ela.

— Valeu por ter concordado comigo hoje – ela ouviu a voz melodiosa de Gabriela dizer.

— Não tinha como não concordar – Malu respondeu e entrou na quadra.

E foi isso. Gabriela e Malu eram colegas de time: a primeira era excelente líbero e Malu atuava na defesa e era a capitã que tem liderado o time para o campeonato interescolar desde que conquistou a posição. Nem sempre concordavam, nem sempre conversavam. Mas as duas sabiam que poderiam contar uma com a outra em quadra. Agora, quem sabe, até fora dela.

— Nada de mais. Só nossa filha sendo argumentativa. Orgulho puro – Vera voltou a dizer ao telefone e se sentou ao lado da filha no sofá.

A menina nem precisou perguntar quem era do outro lado da linha.

— Manda beijo pra ele — sussurrou e a mãe aquiesceu.

— Malu tá mandando um beijo. Sim, depois ela te conta os detalhes. Agora vai lá ganhar esse jogo.

— Elas vão ter que ralar muito pra ganhar esse jogo — Malu comentou ao se voltar da mãe para a televisão. O time de vôlei em que o pai dela treina estava entrando em quadra e a transmissão já ia começar.

— Vão mesmo. Mas se não for difícil, qual é a graça? — ela disse ao beijar a testa da filha antes de voltar a se levantar e se dirigir para tomar seu banho.

— Deveres?

— Feitos.

— Treino?

— Excelente.

— Machucados?

— Só uma virada de quadril que eu já passei pomada e tá tranquila.

— Ah, a juventude — a mãe disse de longe e Malu sorriu. Ao seu lado, o celular acusou mensagem: um áudio do pai.

— *Filha, sábado eu vou chegar tarde com o time, mas vamos falar domingo? Quero saber o que aconteceu e como estão os treinos.*

— *Relaxa, pai. Domingo a gente se fala e coloca o papo em dia. Presta atenção nessa que tem a tatuagem no cotovelo. O corte dela é monstruoso. Avisa as meninas. Bom jogo!*

E Ricardo, pai de Malu, avisou. E sim, elas ganharam — por pouco — o jogo. E sim, o corte da jogadora com tatuagem no cotovelo era monstruoso, mas foi bloqueado mais vezes do que teria sido sem a observação cuidadosa de Malu. Porque além de jogar era nisso que Malu era boa: observação. E foi por isso que ali ela tomou a decisão de, assim que possível, conversar com Celeste.

capítulo 7

O céu do Rio de Janeiro já estava escuro quando ela ouviu a mãe ao telefone. Sueli trabalhava em uma gigantesca empresa de seguros no centro do Rio. Seu cargo não era alto, o trabalho era desgastante e o pagamento, por mais que não fosse equiparado ao trabalho realizado, pagava as contas. Mas o CSI não era barato e Celeste estuda lá há muitos anos. Com o valor exacerbado das contas e da mensalidade, seria prático simplesmente mudar de escola, mas mudança não é algo que funcione muito bem para Celeste. Ela já ouviu várias vezes, de várias pessoas "se você só tentasse um pouco mais" e "ah, mas você não muda porque não quer", mas não é verdade. Ouvir isso é como alguém ouvir "ah, mas você é desse jeito? E se tentasse ser de outro?". Não é simples, fácil nem viável. Uma pessoa não pode simplesmente mudar quem ela é e é muito injusto que pessoas achem que elas podem pedir isso dela.

Até chegar ao CSI – e, nele, até as professoras entenderem um pouco mais sobre como Celeste funciona – demorou muito. E foi sofrido. Ah, como foi! Só a lembrança das crises de pânico faz Celeste apertar o pingente de estrela que tem pendurado no colar.

Celeste era uma criança quando seu pai resolveu que não queria mais ser seu pai. Ela era grande o suficiente para andar de mãos dadas, mas pequena o suficiente para ser levada no colo caso precisasse. Tudo aconteceu em um *shopping* grande, na famosa "liquidação lápis vermelho". Como as finanças sempre foram apertadas, as datas para comprar o que era possível eram sempre próximas de dias de grandes liquidações. Isto é, até esse dia.

Ela estava no meio de uma grande loja de departamentos quando tudo aconteceu. A loja estava entupida de gente, todos falando ao mesmo tempo, uns esbarrando nos outros, puxando roupas de cabides, de pilhas dobradas, e jogando de volta, sem qualquer ordem. Seu pai foi ver alguma coisa em outro lado da loja e sua mãe ficou com ela. Sueli alternava entre segurar a mão da filha e pegar roupas para avaliar.

– Segura aqui e não solta, Celeste. Não solta de jeito nenhum – sua mãe a instruiu ao prender seus dedinhos naquela parte da calça onde passa o cinto. Celeste se agarrou como se sua vida dependesse daquilo. E meio que dependia mesmo.

As duas se movimentavam pela loja, Sueli pegava e soltava roupas, Celeste como um grande chaveiro, pendurada na cintura da mãe. Era um mar de coxas, joelhos e traseiros e, ocasionalmente, outra criança que estava em situação similar à dela.

Mas aí ela se soltou. Não foi por querer, foi um esbarrão. Ela se soltou e tudo aconteceu muito rápido: num minuto, estava atracada à cintura da mãe. No seguinte, estava perdida naquele mar de pessoas sem rosto. Celeste começou a chorar muito alto e foi assim que sua mãe a achou. Levou segundos, mas para ambas pareceu uma eternidade. Até aí, quem nunca se perdeu quando criança e chorou de medo, né? Isso não é raro de ser visto em *shoppings*, na praia, na padaria da esquina. É normal. O que não é normal – segundo o pai de Celeste – foi ela não parar de chorar.

Seus pais tiveram que levá-la para casa e as prováveis compras foram esquecidas em balcões diversos. Eles tiveram que levá-la para casa e ela chorou o caminho inteirinho até lá. Ela chorou enquanto sua mãe a abraçava contra o peito, enquanto seu pai berrava para ela parar (o que só a fazia chorar mais alto), enquanto chegavam em casa e os vizinhos vieram ver o que estava

Capítulo 7

acontecendo. Ela chorou até Sueli entrar no quarto com ela, fechar as cortinas e tampar seus ouvidos para os berros do pai.

– Sssssshhhhhh... acabou... acabou... – ela falou baixinho, segurando o próprio choro.

Depois daquele dia, seus pais passaram a discutir cada vez mais em casa. E ele batia portas, gritava muito alto, o que só fazia com que Celeste começasse a chorar de novo. Até que ele não berrou mais. Ouviu-se o som do carro indo embora e Celeste nunca mais o viu.

Ao longo dos anos que se passaram, sua mãe discutiu com ele ao telefone, cobrou pensão, fez questão que ele falasse com a filha ao telefone no seu aniversário, no Natal. Mas, naquela época, Celeste não entendia muito bem o que ela tinha de falar. Ele não queria ouvir, então por que ela tinha que falar? Até que ele parou de ligar.

Celeste não se lembra muito de nada disso, mas sua mãe lhe contou. Bem, ela não contou a ela exatamente. Ela contou a Regiane, sua melhor amiga, e Celeste ouviu, como estava ouvindo agora.

– Você está no viva-voz porque eu preciso passar a roupa pra amanhã, tá? – disse sua mãe enquanto ajeitava o telefone na bancada e armava a tábua de passar.

– Amiga, Celeste não vai ouvir? – a voz de Regiane soou preocupada e carinhosa do outro lado da linha.

– Não. Ela está com o fone e vendo a série dela – Sueli respondeu, cansada.

Celeste, que já não estava mais com fones ou vendo série, mas sim colada à parede do lado da porta que levava ao quarto da mãe para tentar ouvir a conversa, não notou qualquer ressentimento na voz dela, nada que indicasse que gostaria que ela fosse diferente do que é. Só cansaço pelo dia atribulado que teve, por ter tido que correr até a escola, por algo que está escondendo dela e que tem pesado em seus ombros e transbordado pelo seu rosto.

– E o que foi que ele disse, Su?

– Que não tem mais pensão. Como se paternidade fosse um botão que se liga e desliga – Sueli respondeu ao começar a passar a roupa. Os nós dos dedos ficando brancos, mostrando a força com a qual aperta o ferro.

Celeste sentiu seu peito apertar como se o chão caísse e ela despencasse no nada por alguns segundos. Ela sempre soube que o pai não queria ser seu pai. Ela sempre soube que ele a considerava quebrada. E ela sempre soube que ele estava errado. Mas fazer o mínimo ainda lhe dava esperança de que, talvez um dia, ele pudesse ver o quão errado foi e voltar a ter qualquer relacionamento com a filha. Ao ouvir a mãe ao telefone, essa luzinha fraca de esperança que ainda teimava em brilhar lá no fundo do peito de Celeste se apagou.

– Que grande filho da mãe! E o que você vai fazer?

– Essa é a questão, amiga. Eu não sei. São dois anos até ela se formar e então a faculdade... e isso já vai ser complicado. Eu vou entrar na Justiça, claro, mas só imagino o desgaste e...

– Amiga, eu estou aqui para o que você precisar, viu? Mas vamos por partes. Não pensa na faculdade da Celeste agora. Como estão as notas dela?

– Excelentes. Ela é uma aluna excepcional e eu tenho medo de mudar isso com a troca de colégio, entende? E isso com certeza vai ser um problema para o vestibular e...

– Será que ela não tem uma oportunidade de bolsa?

– Não sei... de repente... mas... – Celeste volta a prestar a atenção ao ouvir a voz de sua mãe falhar. Ela dá um passo tímido mais perto da porta e vê sua mãe soltar o ferro em pé na tábua e levar a mão ao rosto em uma tentativa de segurar as lágrimas.

– Não é caridade, Sueli – a voz de Regiane soa como um carinho ao telefone. E Sueli soluça – Não é uma falha sua, Su. É uma opção que precisamos entender ser ou não viável para

Capítulo 7

manter Celeste no caminho dela, com o apoio que ela precisa.

Silêncio. Nenhuma das duas falou mais nada, mas Celeste ouviu os soluços da mãe e, ao longe na ligação, a risada do marido de Regiane ao brincar com o filho pequeno deles.

Celeste nunca foi uma pessoa muito sorridente, nem mesmo quando criança. Mas ao ouvir a gargalhada do menino ao telefone um leve sorriso toca seus lábios e seu peito parece inflar, se aquecer. Então ouviu mais uma vez o soluço choroso da mãe e o sorriso sumiu. Celeste sempre ouve quando a mãe chora baixinho e nota como os olhos dela estão inchados no dia seguinte. Já chorou assim algumas vezes e sabe como os olhos ardem depois de uma noite de choro. Sabe o quão exaustivo é sentir tanta dor que os olhos transbordam.

Na ponta dos pés, Celeste voltou para o quarto e recolocou os fones de ouvido, mas não ligou nenhum som. Deitou na cama e ficou olhando para o teto, pensando em como poderia ajudar a mãe a não chorar mais. Não por ela e definitivamente não pelo "ex", porque pai ele já havia decidido que não era. E como ela poderia ajudar a resolver a questão financeira para que elas nunca mais precisassem sentir o peito doer por causa de pessoas que não se importavam com elas. Foi então que ela teve uma ideia, uma ideia que seria o início de uma grande e bem-vinda (mesmo que assustadora) mudança.

Um pouco de contexto

capítulo 8

"Peculiar" é uma palavra que foi usada para descrever Celeste quando ainda era bem pequena. Sua avó sempre contou que, mesmo quando bebê, ela nunca dera muito trabalho. Foi quando começou a ir para a escolinha que começaram a notar que tinha algo de errado com ela. Errado não, peculiar.

Quem foi a primeira a notar foi sua avó materna, Emérita, muito antes do episódio da liquidação no *shopping*. Ela era uma mulher durona, que havia criado todos os filhos com muito carinho e disciplina. A mãe de Celeste era a mais nova de três e a única mulher. Foi a última a se casar e a sair da casa da mãe, que havia lhe avisado sobre o ex. Dizia que tinha um pressentimento sobre Arnaldo. Sueli, por sua vez, estava apaixonada e arrumava justificativas para todos os comportamentos de que não gostasse no marido. Se ele não confiava no que ela dizia sobre ter trabalhado até mais tarde, ela explicava que é porque ele era protetor e ciúmes significava que ele a amava. Se ele reclamava de ela conversar muito com os irmãos – que moravam em outras cidades –, era porque o dinheiro estava apertado e ele não queria que nada faltasse à família. Sempre tinha uma desculpa para algo que era um sinal claro de que o relacionamento não era saudável. Mas os irmãos já haviam saído da barra da saia da mãe fazia tempo – um tinha se mudado por causa do trabalho e casado, e o outro tinha casado e a esposa fora transferida. E Sueli achava que a implicância da mãe era só para manter a filha em casa. Mas não era preciso ter pressentimento algum para ver que Emérita estava certa.

Única

Quando Sueli estava grávida de Celeste, seu pai veio a falecer. Foi um mal súbito que o levou e deixou Emérita sem chão. A tristeza por nunca poder apresentar a filha ao avô foi forte, assim como a solidão de Emérita. Os irmãos vieram para os serviços fúnebres e ficaram por algum tempo. Pena que essa reunião foi motivada por um acontecimento tão devastador. Os dois vieram com as esposas e os filhos e, por um momento, Sueli viu o sorriso voltar aos lábios da mãe. Quando a casa estava cheia, ela viu aquela fagulha de felicidade nos olhos sábios de Emérita. Ela apertou a mão da mãe e apoiou a cabeça em seu ombro.

– Ele está melhor do que nós, minha filha – a voz embargada de Emérita soou baixinho ao pé do ouvido de Sueli – E a gente vai ficar bem também. Só precisamos ficar juntos, mesmo que distantes.

Sueli achou curiosa a observação da mãe, mas a falta do pai ainda era tão forte e presente que não voltou a pensar nisso. O marido não foi ao enterro, alegando que era necessário no trabalho e que não poderia sair. Mas, naquela noite, quando chegou em casa, Sueli sentiu o cheiro de cerveja em seu hálito. E foi a primeira vez que realmente se convenceu de que a mãe tinha razão. Mas a filha estava quase vindo ao mundo, seu pai havia acabado de partir e, no meio disso tudo, Sueli se sentiu terrivelmente sozinha. Lembrou do sorriso triste da mãe ao se despedir dos netos, das noras, dos filhos e voltar a ficar sozinha em casa, agora sem a presença do marido, companheiro de todas as horas.

Sueli chegou a mencionar para o marido que iria passar uns dias com a mãe para ajudar nas tarefas da casa. E foi quando ele deu o primeiro berro.

– De jeito nenhum! E como vai ficar a nossa casa sem você aqui pra cuidar? Não, sua mãe já criou os filhos e sabe se cuidar. Não precisa de você.

Foi então que Sueli se lembrou das palavras da mãe: "Só precisamos ficar juntos, mesmo que distantes". Então, passou

Capítulo 8

a visitar a mãe por alguns minutos antes de ir para casa do trabalho. O que Arnaldo não visse não o irritaria, certo? E foi em uma dessas visitas que a bolsa estourou e as duas foram parar no hospital. Ao chegar, Sueli conseguiu mandar uma mensagem para o marido, avisando que estava em trabalho de parto. Mas ele só visualizou e respondeu quando Celeste já estava nos braços da avó, 6 horas depois.

Assim que der vou pra aí.

A primeira filha dele veio ao mundo e Arnaldo estava no bar.

Enquanto Sueli chorava pelo descaso do marido – descaso esse que se deu assim que souberam que a criança era uma menina –, Emérita embalava a pequena Celeste em um braço e abraçava a filha com o outro.

Os primeiros meses de vida de Celeste foram difíceis para Sueli, não porque a filha dava trabalho, mas porque o marido se ausentava cada vez mais. Ele dizia que não aguentava o choro, o acordar toda hora e reclamava da falta de libido da esposa. E Sueli se refugiava na casa da mãe sempre que podia, levando a pequena consigo. As três eram inseparáveis e Arnaldo só não reclamava mais porque Emérita tinha resposta para tudo na ponta da língua. Toda a dor que sentiu ao perder o marido se transformou em amor e proteção pela neta.

E foi assim que Celeste cresceu: com a presença acolhedora da avó, com o amor incondicional da mãe, com o apoio distante, porém constante dos tios, e com um pai cada vez mais ausente, mas que tirava fotos com a garotinha no colo para postar nas redes sociais com a *hashtag* #TesouroDoPapai e #DeusMeDeu, mas que, assim que a foto era batida, devolvia a pequena para os braços da mãe.

E Celeste cresceu, começou a ir para a escolinha e as observações sobre o desenvolvimento da menina começaram a chegar em sua agenda por meio dos comentários das professoras.

Celeste é muito quieta. Tão bem-comportada! (mesmo que a avó de Celeste achasse isso muito estranho para uma menininha tão pequena).

Celeste demonstra ter muita atenção. Tanto que, às vezes, quando chamada, não responde de imediato.

Celeste não brinca muito com outras crianças.

Assim que Sueli contou isso tudo para a mãe, Emérita levou Celeste a uma rezadeira. Celeste foi rezada, batizada e rezada mais uma vez. Mas nada mudava seu comportamento. Na realidade, não tinha nada de errado com a menina, mas sim...

– Ela é peculiar – Emérita uma vez disse ao observar Celeste brincando com massinha de modelar.

– O quê, mamãe? – Sueli perguntou.

– Olha como ela brinca com a massinha – Emérita observou. Celeste, que deveria ter uns 6 anos na época, fazia uma estrela com a massinha e, entre mexer em um pedaço e outro, passava as mãozinhas em uma toalhinha, retirando cada resíduo que ficava grudado em seus dedinhos. Começava sempre pelo polegar e ia até o mindinho, fazendo o mesmo na outra mão. Ao seu lado estava aberto um livro infantil com figuras de planetas e estrelas e Celeste tentava ao máximo copiar cada um deles com massinha.

– Por que você seca tanto a mão, filha? – Sueli perguntou ao se ajoelhar perto da menina.

– Fica pedaço. Não gosto – Celeste respondeu ao fazer outra estrelinha.

E notaram como e quantas vezes a mesma sequência de movimentos se repetia. Tentaram discretamente tirar a toalhinha de perto e o resultado foi Celeste ficar muito angustiada e nervosa procurando pelo pano. Então, entregaram novamente e ela retomou a atividade.

– Que peculiar uma criança desse tamanho ter esse comportamento...

Capítulo 8

Essa foi só uma das peculiaridades de Celeste. Foi assim que explicaram seu comportamento quando a matricularam no CSI. Tentaram explicar, inúmeras vezes, o porquê de ela não poder participar da celebração de fim de ano da escola ou de qualquer outra que exigiria interagir com muitas crianças e ter muito barulho ao seu redor. A escola aceitou algumas vezes, negou outras, sempre dependendo dos professores responsáveis. E, algumas vezes, Celeste tivera que "estar doente" durante esses eventos. Já no caso da aula de Educação Física, Celeste conseguia participar de esportes agora, lidando com o barulho quando possível, e se mantendo fora das disputas acirradas pela bola da modalidade da vez. Ainda é complexo, mas já foi bem mais difícil. E, quando foi assim, as notas eram horríveis. Esses foram apenas alguns exemplos que ajudaram a rotulá-la antes mesmo de ela entender quem ela era.

Uma única vez, quando os pais estavam falando sobre o boletim dela em uma ligação, Celeste ouviu o pai reclamar com a mãe e chamar a filha de "quebrada". Foi uma única vez e ele nem estava gritando, mas foi a palavra que mais doeu em Celeste. Porque, quando se está gritando, muita energia está sendo liberada e, às vezes, a gente diz coisas que não queria realmente dizer. Mas não foi como o pai falara na ocasião. Ele escolheu a palavra e isso quebrou o coraçãozinho de Celeste.

– Te incomoda que outras crianças falem de você, filha? – uma vez sua mãe perguntou enquanto estavam assistindo a um filme.

– Não. Sim – a menina respondeu enquanto não tirava os olhos da televisão.

– Explica pra mamãe?

Essa era a pergunta que sua mãe aprendeu a fazer quando não entendia o que Celeste estava sentindo. E Celeste entendeu que, toda vez que era feita, ela precisava voltar a sua atenção para a mãe e olhar em seus olhos. Elas fazem isso até hoje.

Então, a menina fez isso e explicou:

– Não me importo que falem de mim. Mas me importo porque não entendo o que as levam a falar – Celeste deu essa resposta aos 11 anos. Essa eloquência, essa lógica integravam o grupo de fatores de sua peculiaridade.

– Você já perguntou pra elas? – Emérita questionou e Celeste fez que "sim" com a cabeça. – E o que elas disseram?

– Que eu sou estranha. Riram e foram embora.

– Você não é estranha, você é peculiar.

– O que é um sinônimo de "estranho". Eu procurei no dicionário. Eu não me incomodo em ser peculiar. Mas não entendo por que alguém se incomoda que eu seja. Ser estranho ou peculiar não é igual a ser quebrada. Eu não sou quebrada!

Até hoje, quando esse tipo de lembrança volta à tona, com ela também volta a tristeza imensa que ela sentiu ao falar a última frase. E ela sabe que, de certa forma, por mais que ela tenha total e completa certeza de que não é quebrada, é como se Celeste buscasse provas de que não é. Como se ela seguisse tentando provar para o pai e para si mesma que é perfeita exatamente assim, sendo peculiar.

Essa busca por entender que a peculiaridade a diferenciava das outras crianças, muitas vezes, desafiou sua mãe, sua avó, mas as manteve unidas. Até mesmo os tios, que moravam longe e só viam Celeste em datas comemorativas, aprenderam a interagir com ela. E os primos, depois daquela fase mais cruel da infância, passaram a tratá-la muito bem. Hoje, são grandes amigos. Mas seu pai nunca aprendeu.

E hoje a família de Celeste acha que ela já está acostumada com quem é. Mas não, ela não está "acostumada" a não saber exatamente quem é. Eles não sabem que essa busca se transformou em pesquisa e que essa pesquisa a fez ganhar um aliado: Theodoro. E é a ele a quem ela vai recorrer para conseguir uma bolsa de estudos. Mas, antes disso, ela precisa de um plano.

de volta ao início do ano letivo

capítulo 9

O Projeto. Assim mesmo, com letra maiúscula, é como os alunos do penúltimo ano do Colégio Santa Inês o chamavam. Bem, para dizer a verdade, eles não estavam errados, já que era mesmo um projeto. Não, na realidade era "O" Projeto, aquele que iria durar o ano todo, passar por diversas matérias e ser responsável pela maior parte da nota do ano. E ele era realizado em grupo, o que torcia o nariz de vários alunos e trazia alívio para vários outros.

Todo mundo sabe que um dos fatores essenciais para que o Projeto funcione é escolher os integrantes certos para o seu grupo. Esse não é apenas um trabalho em grupo, mas "O" trabalho e, para que seja finalizado com êxito, precisa das pessoas certas não somente porque precisam ser boas em diversas matérias, mas porque o grupo vai precisar trabalhar junto o ano todo. E isso é a parte mais desafiadora do Projeto.

Não é incomum as tretas entre colegas escalarem durante o ano por causa desse trabalho. Enquanto amizades se fortaleceram, muitas foram colocadas à prova durante o ano letivo. E algumas até fizeram alunos precisarem mudar de escola. Esse era o nível de intensidade do Projeto.

A hora de entrada para o pessoal do 2º ano naquele dia foi completamente diferente de qualquer outro. Enquanto em um dia letivo qualquer os mais chegados se cumprimentariam, bateriam papo e seguiriam para suas respectivas salas, naquele dia, o pessoal do penúltimo ano chegou com cara de quem está em uma missão. E estavam mesmo.

Mas grandes líderes têm estratégias e Malu já tinha colocado a sua em prática nos dias seguintes ao ocorrido na aula de Teologia. Ela tinha ligado para Gabriela, que, por mais que seja o oposto de Malu, arrasa em Literatura e História. Então a chamou para o Projeto. Gabi, por sua vez, sugeriu Cadu, que é excelente em Geografia e Física. Ele topou de imediato, aliviado por não ter sido escolhido por último ou ter caído em algum grupo em que não gostava de ninguém. Mas faltavam dois integrantes ainda e Malu já sabia que um deles precisava ser Celeste. A questão agora era ela topar.

Quando a *van* que dava carona para Celeste parou na frente da lanchonete perto da escola, Malu esperou. Em alguns segundos, o topo da cabeça de Celeste apareceu e ela desceu da *van*. Ela sabia que a colega de turma nadava todos os dias porque, além do cheiro de limão-siciliano, Malu sempre notou um leve toque de cloro quando ela passava. Alta, mas não tão alta quanto Malu, Celeste tinha ombros largos, pernas e braços longos e torneados, mas não fortes como os de Malu. Esportes diferentes moldam atletas diferentes, por fora e por dentro. Então ela sabia que a outra menina era metódica, solitária e dedicada. O cabelo curto – bem batidinho na nuca e mais longo na frente – era prático e fazia o rosto pálido de Celeste parecer quase como o de uma fada. Isso até ela olhar para você. Aí, a coisa mudava de figura. O olhar cirúrgico de Celeste era intimidador. Mas Malu não se intimidava facilmente. Então ela tomou fôlego e encarou Celeste, que estava colocando fones de ouvido.

– Oi, Celeste. Tudo bem?

– Tudo – a menina respondeu objetivamente, mexendo no celular.

– Você está sabendo do grande Projeto? Vamos escolher grupos hoje.

– Estou.

– Então, quer entrar no meu grupo? Sou eu, Cadu, Gabriela e ainda vou chamar mais outra pessoa.

Capítulo 9

Só então os olhos castanhos de Celeste encararam os cor de mel de Malu por 1, 2, 3 segundos antes de ela perguntar.

– Quem será a outra pessoa?

– Tenho algumas opções em mente – Mas Celeste não pareceu convencida, então Malu emendou. – Você acha que eu chamaria alguém aleatório? Não formo times perdedores.

– Estou dentro, mas tenho uma condição.

– Me fale sobre seus termos.

E foi ali que o Projeto formou um grupo que os alunos e o corpo docente do Colégio Santa Inês jamais esqueceriam.

Hoje
(nOVembro - dia Da apresentação)

capítulo 10

Assim que Celeste e Malu passaram pelos portões da escola, sentiram que a atmosfera tinha mudado. Hoje é o dia da apresentação. Vários alunos tiraram materiais de porta-malas de carros, outros trouxeram malas de rodinha, mas outros carregavam tudo nas mochilas pesadas. A atmosfera era eletrizante, como se um fio desencapado estivesse solto só esperando para fazer contato com alguém.

O Projeto durou o ano inteiro, com várias apresentações menores em cada matéria. Mas hoje é o grande dia, o dia em que a grande temática de cada trabalho será apresentada para uma bancada de professores e para os colegas de turma. Não se sabe ao certo o que é pior: a possibilidade de uma nota baixa dada pelos professores ou a zoação feita pelos colegas caso o projeto não saia conforme o planejado.

Foi um ano longo, cheio de altos e baixos, crises e descobertas, mas que, como tudo o que é bom e ruim, chega ao fim. Só que para Celeste é muito mais do que uma nota. É a possibilidade de finalmente entender muitas coisas e de se fazer entender.

Malu e Celeste trocam um olhar e, de leve, Malu pega a mão de Celeste, a aperta e a solta, em um gesto que diz "vai dar tudo certo" e "estou aqui". Celeste abre um breve sorriso e retribui o gesto. Sua reação, há pouco menos de um ano, teria sido muito, muito diferente e talvez seja essa a verdadeira intenção de Malu: mostrar o quanto do caminho já foi percorrido. Mas hoje é o dia do "vai ou racha". E Celeste não vai deixar rachar. De jeito nenhum.

de volta ao dia do Convite paRa o pRojeto

capítulo 11

A biblioteca ficava no segundo andar do CSI e tinha um janelão enorme, que ocupava quase toda uma parede. De lá era possível ter uma visão ampla do pátio, onde a maioria dos alunos passava o recreio. Também era possível ver o caminho que levava para as quadras, onde alguns aproveitavam o recesso para praticar um pouco de esportes (ou ficar de olho em quem praticava).

Malu geralmente ficava ligada na quadra, prestando atenção se alguma das colegas de time não fazia besteira e se feria, ou apenas lanchava e conversava com amigos. Mas hoje Celeste a chamara para uma conversa a respeito do Projeto.

– Sério? Na biblioteca? Não quer me dizer logo quais são os seus termos para entrar pro meu grupo? – Malu perguntou enquanto caminhava ao lado de Celeste para a escola.

– Não. Quero falar com calma.

– Tá bom então...

Por mais que utilizasse a biblioteca para quando queria adiantar ou terminar rapidamente algum dever, era raro Malu ir até lá na hora do recreio. Ao chegar, o silêncio a envolveu como um abraço.

Ela encontrou Celeste de fones de ouvido, sentada de costas para a entrada, rosto olhando pela janela lá fora. Do ângulo em que ela estava, Malu conseguiu ver que ela observava os grupos de alunos, revirando suavemente nos dedos o pingente de estrela com oito pontas que usava no colar. O barulho do recreio soava bem longe, como uma memória que o tempo estava apagando aos poucos.

Celeste se virou assim que a garota se aproximou. Malu levantou uma das cadeiras e cuidadosamente se sentou na frente de Celeste, que, por sua vez, colocou o colar para dentro da camiseta do uniforme e retirou os fones antes de encarar a colega.

– Eu preciso de uma bolsa de estudos – Celeste disse, sem rodeios.

– Tá. E o que isso tem a ver com o Projeto? – Malu disse ao cruzar os braços e se recostar na cadeira.

– Eu pesquisei e acho que posso conquistar a bolsa se tirar a nota máxima no Projeto.

– O que é, basicamente, impossível.

– "Tecnicamente difícil" não é o mesmo que "basicamente impossível".

– Celeste, pra isso acontecer, precisamos de um tema abrangente demais para passar por todas as matérias. E isso é o grande pulo do gato do Projeto: sempre – sempre – teremos matérias que serão mais fracas do que outras.

– O que um gato tem a ver com o Projeto? – Celeste perguntou séria e as sobrancelhas de Malu subiram em sua testa, incrédula.

– É só uma expressão.

– Que não faz sentido.

– Tá... esquece o gato e o pulo dele, tá? – Malu respondeu ao passar as mãos pelo rosto e apoiar os braços na mesa entre as duas. – Não tem como garantir que você vai conseguir a bolsa se estiver no meu grupo. Sinceramente, se você estiver em qualquer grupo o resultado pode ser o mesmo.

– Não. Acho que no seu eu tenho mais chance. Mas precisamos de uma pessoa específica para completar o grupo.

Malu franziu a testa e se recostou na cadeira. Ela veio para a escola com a missão de trazer Celeste para seu grupo e agora, de repente, além disso estava olhando para uma possibilidade de estabelecer uma bolsa de estudos? Porque, se Celeste conseguisse, mudaria coisas na escola e isso seria excelente para ela também. Mas o desafio seria enorme e, por mais que Malu conhecesse a

Capítulo 11

capacidade acadêmica de Celeste, o Projeto ia requerer muito mais do que só inteligência e conhecimento. Ele iria colocar à prova inteligência emocional, agir sob pressão e muito, muito mais.

– Quem? – Malu perguntou, em uma mescla de preocupação e empolgação. Afinal, ela não era de fugir de um desafio.

– E aí, gente? Tudo bem? – interrompeu Cadu ao se aproximar das duas, Gabi logo atrás.

Celeste olhou rapidamente de Malu para os outros dois alunos que chegaram. Cadu sorriu e Gabi acenou levemente pra ela antes de também se sentarem à mesa.

– Quem, Celeste? – Malu perguntou de novo, sem se virar para os dois, que agora olhavam para as duas colegas como quem espera a raquetada final de um torneio de tênis.

– Theodoro – Celeste falou e o impacto desse nome nos demais foi imediato. Malu permaneceu congelada, mas Gabi e Cadu soltaram "oi?" e "pera aí pra quê?" ao mesmo tempo, o que resultou em um "ssssshhhhhh" da bibliotecária.

– Theodoro é excelente em praticamente todas as matérias. Se juntarmos todos nós, podemos encontrar um tema que funcione em todas elas – Celeste explicou.

– Mas o Theodoro é... – Cadu começou.

– Ele não é maluco. Ele é peculiar. Como eu – Celeste explicou, com um pouco mais de rispidez do que o normal na voz. Ela queria defender o amigo, mas não queria falar mais do que deveria.

– Ele não é nada como você. Você não é cruel – Cadu falou, a segunda parte saindo um pouco mais baixo.

– Ele só é sem-noção – Malu respondeu rápido e olhou para os dois. – É o seguinte, Celeste precisa de uma bolsa de estudos e, se tirarmos nota máxima no Projeto, ela diz que consegue a bolsa. Eu vou colocar isso por escrito com a coordenação antes de começarmos qualquer coisa. Tudo bem por você, Celeste?

– Sim.

57

– Agora, estamos falando sobre encontrar um tema que funcione em todas as matérias e, mais do que isso, um que vai ficar conosco o ano todo. Vocês aguentam?

– Olha, eu não sei se dá para qualquer pessoa aguentar o Theodoro o ano todo – Gabriela respondeu e voltou o olhar para Celeste. – Sério, Celeste, ele pode não se dar bem conosco e aturar isso é difícil, ainda mais com o *stress* do Projeto.

– Vai dar certo. Eu conheço o Theodoro. Não vamos ter problema com isso – Celeste respondeu rapidamente.

– Se você prometer lidar com ele, eu topo – Gabriela respondeu e empurrou seu ombro contra o de Cadu como quem diz "vamos lá, a gente consegue". Mas o menino se manteve em silêncio.

Malu olhou para Cadu e sentiu que ia perdê-lo se insistissem no Theodoro. Mas precisavam tanto de um quanto do outro para esse plano dar certo. Então, ela resolveu colocar em jogo uma tática: jogar no campo onde se tem vantagem.

– Cadu, por que eu e Celeste não falamos com o Theodoro e a gente marca de escolher o tema na sua casa depois da escola?

– Na minha casa? Levar o Theodoro para dentro da minha casa? Você comeu paçoca mofada?

– Qual é, Cadu? A gente promete que o mantêm na linha. Aliás, essa vai ser uma promessa que ele vai ter que fazer também. Transparência total ou isso não vai dar certo. Que tal?

Mal sabia Malu que o termo "transparência" era algo que afligia Cadu e mais uma razão para ele querer se esconder dentro de um armário fundo, infinito, que talvez deoое em Nárnia!

– Celeste, mas e se não rolar? Você tem outro plano para conseguir a bolsa? Porque, tipo, as suas notas são altas, né? Já não dá para aplicar para uma? – Gabriela perguntou.

– Não. Eu perguntei na coordenação e me informaram que o colégio não tem sistema de bolsas. Que, de acordo com o regulamento da escola, uma exceção poderia ser aberta se...

Capítulo 11

– Se o basicamente impossível, o tecnicamente difícil fosse realizado. Ou seja, nota máxima no Projeto – Malu completou, usando as palavras de Celeste.

– Olha, eu adoro um desafio. Contem comigo. Aliás, acho um absurdo não ter sistema de bolsas. Acho que devemos abordar isso no Projeto também – Gabi respondeu e Malu aquiesceu, concordando.

As três olharam para Cadu, esperando ele se posicionar. Cadu era *gamer*, ele sabia lidar com *trolls on-line*, mas fora da tela era dolorido e ele evitava ao máximo. Não que Theodoro fosse um *troll*. Ele não era, mas...

– Tá. Mas acho muito bom vocês o manterem na linha, porque eu não vou levar bomba por ter que expulsar o cara do grupo no meio do ano.

– Ninguém vai levar bomba. E ninguém vai ser expulso. Vai dar tudo certo – Malu respondeu.

– Bom, eu posso dar carona para o Cadu para casa, já que a gente mora na mesma rua. Mas vocês levam o Theodoro? Aliás, e se ele não topar?

– Ele vai topar – Celeste respondeu.

Quando pensou na possibilidade da bolsa de estudos, sabia que precisaria da ajuda de Theodoro nisso. Ele era, basicamente, o único amigo que ela tinha na escola. Ela conhecia Malu, Gabi e Cadu das aulas, mas eram colegas e não amigos. Então, ao ouvir o convite de Malu, parecia que as primeiras peças já estavam se colocando no tabuleiro. Era exatamente o que precisava: de um time ganhador e ninguém melhor do que Malu para formar um. Só que Celeste nunca havia pensado que seria parte de um time, então, por mais empolgante que poderia parecer, ela também estava apavorada. Agora, precisava que Theo topasse integrar o Projeto com eles, porque ela não queria ficar apavorada sozinha.

Theodoro

capítulo 12

Alto, esguio, de pele pálida, cabelos pretos e olhos cinzentos... ao olhar para Theodoro, qualquer um diria que ele era o galã da turma, o mais popular, o queridinho dos professores. E isso seria verdade se ele tivesse um grama de bom humor e, bem, se ele tivesse a tão famosa noção. Celeste estava certa quando mencionou que Theodoro era peculiar como ela. Mas não exatamente como ela.

Os pais de Theodoro o adotaram quando bebê e, assim como Celeste, Theodoro não brincava muito bem com outras crianças. Além disso, ele tinha mania de estalar os dedos quando estava nervoso (o que, com o passar do tempo, conseguiu mudar para tocar as pontas dos dedos com as pontas dos polegares) e começou a falar bem mais tarde do que as outras crianças. Mas os pais de Theo não o chamavam de "peculiar", o chamavam de "Theo" e isso era o suficiente.

Malu e Celeste sabiam exatamente onde encontrá-lo: no laboratório de informática da escola. Do lado de fora já era possível ouvir o barulho veloz de dedos sobre o teclado. Assim que entraram, Celeste se sentiu estranhamente confortada. Embora não gostasse muito de barulhos súbitos, o zumbido constante do ar-condicionado e o frenético – porém ordenado – clec-clec-clec de Theodoro no teclado forneciam um ambiente confortável. Com certeza era por isso que ele gostava de lá.

– Oi, Theo – Malu disse ao parar atrás do monitor que ele usava.

– Só minha família e meus amigos próximos me chamam assim – Theodoro respondeu, sua voz grave não soou grosseira, apenas objetiva. Ele respondeu sem tirar os olhos da tela do computador. O código que ele escrevia aparecia refletido nas lentes dos óculos, mas mesmo assim era possível ver os olhos cinzentos atentos, sem piscar.

– Legal. Então, Theodoro, quer integrar o meu grupo para o Projeto? – Malu perguntou diretamente, esperando que ele fosse pausar para considerar o convite. Aliás, não sabia exatamente o que esperar dele. Theodoro era uma caixinha de surpresas e nem todas elas eram sempre boas.

– Não trabalho bem em grupo e você sabe disso.

– Eu sei, mas isso não importa porque você sabe que o Projeto precisa ser em grupo – Malu respondeu, já imaginando que a primeira resposta de Theo seria uma negativa.

– Também não trabalho bem em grupo, mas preciso de uma bolsa de estudos e de você para consegui-la – foi a primeira vez que a voz de Celeste soou na sala, o que fez os olhos cinzentos de Theodoro se voltarem para ela e o clac-clac-clac do teclado cessar. Ele virou a cabeça levemente em direção a Celeste, que surgia atrás de Malu, e perguntou:

– Isso é novidade.

– Pois é. Meu pai decidiu não pagar mais a pensão para a minha mãe. E eu não quero mudar de escola. A bolsa é minha única opção.

O queixo de Malu foi no pé. Pelo menos foi essa a sensação que ela teve. Ela não fazia ideia de que Celeste e Theodoro se conheciam e muito menos que eram tão amigos. Porque o jeito como eles falavam mostrava que eles não eram apenas colegas de turma, mas sim que tinham uma amizade. Malu era uma atleta, sabia ler pessoas, entender suas fraquezas e forças e como explorar cada uma em quadra para vencer. Mas mesmo assim se encontrou sem palavras para a conversa desses dois. Ambos se encaravam sem piscar, como se estivessem tendo uma outra conversa mentalmente. Era tão assustador quanto interessante.

Capítulo 12

– Sua mãe deveria entrar na Justiça – Theodoro falou, seus longos dedos ainda pousados levemente sobre o teclado, mas os olhos fixos nos de Celeste.

– Ela vai. Isso é questão dela. A minha é a bolsa de estudos.

– Quem mais está no grupo?

– Nós duas, Gabriela e Carlos Eduardo – Theodoro piscou, como se estivesse vendo a lista de qualidades e fraquezas de cada integrante enquanto Celeste mencionava cada nome.

– Qual é o nosso tema? – Theodoro perguntou enquanto retirava os óculos e limpava as lentes na barra da camisa de algodão do uniforme.

– Vamos discutir isso agora na casa do Cadu. Vem com a gente? – Malu perguntou.

– Vou. Vou terminar esse código e encontro com vocês no portão da escola.

– Obrigada, Theodoro – Malu respondeu ao se levantar.

Theodoro não respondeu ao voltar a colocar os óculos, os dedos voltando a voar sobre o teclado. As meninas pegaram suas mochilas e saíram da sala.

Enquanto andavam para o portão e Celeste mandava uma mensagem para a mãe para explicar o que iria fazer e onde estava indo, Malu voltou os olhos para a colega, observando-a escrever rapidamente.

– Eu acho que ele gosta de você.

– Ele gosta e eu gosto muito dele – Celeste comentou ao colocar o celular de volta na mochila. Malu estava olhando para ela com um sorriso sapeca no rosto.

– Olha só... eu não sei o que fazer com essa informação.

– Não precisa fazer nada. Somos melhores amigos e estamos fazendo uma outra pesquisa juntos. Sabia que ele iria me ajudar.

Malu segurou o cotovelo de Celeste fazendo-a parar.

– Celeste, você precisa saber que é possível não conseguir a bolsa. Mesmo que tudo dê certo, é subjetivo para eles. E eles

Única

podem inventar qualquer razão para não oferecerem isso a você. É por isso que vou pesquisar direito e colocar tudo por escrito, mas... eu acho que você precisa ter isso em mente para ter algum plano B.

– Eu não tenho plano B, Malu. Se minha mãe não conseguir pagar a mensalidade, terei que mudar de escola e... – ela disse ao fechar os olhos rapidamente e tentar não puxar o colar de dentro da blusa e apertar as pontas da estrela contra os dedos.

– Então vamos ter que fazer o improvável se tornar realidade, né?

– Sim, vamos.

NaQuela tarde...

capítulo 13

– Olha, eu vou mandar uma real e você precisa me responder: Você está a fim do Theodoro? – Gabi perguntou para Cadu enquanto eles estavam aprontando sanduíches para todos na cozinha da casa dele.

Ao ouvir isso, Cadu quase deixou cair no chão os pratos que segurava e Gabi teve que esticar os braços para ajudar o amigo. Os olhos castanhos de Cadu estavam arregalados. Sua pele marrom-clara ficou com um tom mais claro e os lábios perderam a cor. Gabi pensou que Cadu fosse ter um treco!

– Calma, pessoa! É só um *feeling* que eu tive. Por favor, não morre!

– Um *feeling*? Você quase me fez quebrar meia dúzia de pratos e ter um ataque cardíaco porque teve um *feeling*? Pelo amor de Deus, Gabriela!

– Então tá a fim ou não tá?

– Claro que não!

– Mas já esteve?

– O quê... como? Isso não vem ao caso – Cadu gaguejou e apoiou os pratos em cima da bancada.

– EU SABIA! – exclamou Gabi apontando um dedo pálido com esmalte de *glitter* rosa para ele. – Foi no ano passado, não foi? Quando você descobriu Roxette e ficou ouvindo aquela velharia de "Spending my time" em *loop*!

– Primeiro, Roxette é *vintage* e eu acho que só Taylor Swift chegou perto de expressar os meus sentimentos nas músicas como eles fizeram no passado. Respeita a minha história, Gabriela! Segundo, isso não é da sua conta. E terceiro, como é que você...

– Eu descobri a sua senha do Spotify. Então vai, desembucha. O que aconteceu ou não aconteceu entre vocês dois?

Cadu, cujo rosto já voltou a ter cor dada a pequena discussão com Gabi, colocou os pratos em cima da bancada da cozinha e se sentou ao lado da amiga. Antes de se voltar para ela, ele olhou para a porta e desceu o tom de voz até quase um sussurro.

– Gabi, você precisa me prometer que...

– Cadu, desde o ano passado eu já sei que você é *gay*. Não contei e não vou contar pra ninguém. Não cabe a mim contar ou a você, se não estiver pronto – a amiga falou com doçura. Gabi apertou a mão de Cadu e manteve seus olhos azuis nos dele, havia tranquilidade e segurança neles.

Gay. Cadu sempre soube que gostava de meninos, mas nunca se permitiu falar em voz alta a palavra. Soava como um rótulo, uma definição, e ele era muito mais do que isso. Ele gostava de pipoca, de músicas românticas, de *games*, de colecionar chaveiros e de beijar meninos. Não que ele tivesse beijado vários, nem de longe.

"Cadu? Sei quem é. Ele é gente boa. Jogo *on-line* com ele direto!".

"Cadu? Cara, pergunta qualquer capital pra ele que ele sabe te dizer país, capital e fronteiras! É incrível!".

"Cadu? Ele é um ótimo menino!".

Mas, assim que as pessoas soubessem, ele não seria nada além de "Cadu, o menino *gay*". Ele não tinha vergonha de quem ele era, mas tinha medo de que ele fosse resumido a só isso. E, claro, o medo maior era de sua família não o aceitar. Isso sim era pior do que qualquer chefe de fase em qualquer *game* na história dos *games*!

E aí tinha a questão de Theodoro. Para ter um *crush* em Theodoro só precisava ter olhos funcionando. Isso até conversar com ele. Depois disso, a coisa complicava. Cadu começou admirando Theo de longe. Embora fosse uma das pessoas mais inteligentes da classe, Theo sentava no canto da sala, no fundo. Cadu sentava na mesma direção, mas do outro lado da sala. Então, para realmente roubar uns olhares na direção do outro menino, ou ele precisava dar na cara e virar o rosto para o lado, correndo o risco de encontrar o olhar de mais três fileiras de alunos entre os dois, ou aproveitar as vezes que o garoto ia até a frente da turma para entregar uma prova ou para sair da sala para ir ao banheiro.

Era nessas horas que Cadu levantava levemente o rosto da sua mesa para poder acompanhar Theodoro pela sala. Alto, cabelos pretos levemente cacheados em contraste com sua pele pálida e os olhos cinzentos. Celeste chamou Theo de peculiar e realmente... ele parecia um vampiro. Ele observava o andar que quase não fazia barulho e como a camiseta de algodão do uniforme prendia um pouco mais nos bíceps.

Depois ele foi descobrir que Theodoro costuma correr todos os dias de manhã antes de ir para a escola. Cadu passou a usar a esteira ergométrica que a mãe tem em casa para ver se, casualmente, ele poderia encontrar com ele em uma dessas corridas e "olha, você por aqui...". Então ele programou a esteira para o percurso que ele descobriu ser feito por Theodoro todos os dias e... não aguentou 30 segundos.

Cadu não tinha coragem de chegar no menino do nada, então o admirava de longe. Até um dia no ano passado que... bem, deu no que deu.

— Conta, o que aconteceu?

— Não foi nada de mais na verdade. É só... ele foi bem estúpido. Deixa pra lá... – Cadu falou e se levantou para continuar a preparar os lanches. Melhor não remoer o passado.

— Olha, nós vamos passar o ano todo trabalhando juntos e se realmente conseguirmos a nota mais alta, não só Celeste terá chance de bolsa, mas acho que vai ser ótimo pra gente também. Mas pra isso rolar a gente vai ter que lidar com muita coisa. Eu tô aqui pra você, tá?

– Eu sei. Obrigado, Gabi.

– Você não vai dizer que também está aqui pra mim? – Gabi brincou sorrindo e também se levantando.

– E precisa? É meio que óbvio, né? – Gabi sorriu e salpicou um beijinho no rosto de Cadu, tirando o *gloss* com a mão depois e ignorando a reclamação dele de que agora ia ficar com o rosto cheio de *glitter*.

– Eu fiquei meio chocado que você topou participar do grupo da Malu. Tipo, eu sei que vocês jogam vôlei juntas, mas também sei que vocês não são as melhores amigas do mundo e...

– Mas ela sabe ganhar em quadra e é tão inteligente dentro quanto fora dela. Eu estou nessa pra tirar nota alta, Cadu. E se aturar a Malu bancar a líder dentro e fora de quadra vai me ajudar nisso, então bora.

– Ela não "banca" a líder. Ela é uma líder.

– Eu sei... mas não conta pra ela que eu disse isso – Gabi respondeu sorrindo.

– E você?

– Eu o quê?

– Você já foi a fim do Theodoro? Porque já vi umas olhadas looooongas suas pra ele esse ano.

– Olha só, eu não vou mentir. O cara é gato. Mas você sabe como ele é... – Gabi falou e começou a arrumar as inúmeras pulseiras de tecido que tinha nos pulsos, claramente evitando olhar nos olhos de Cadu – Ele diz umas coisas desconcertantes e olha pra você como se desse pra ver seus pensamentos e... sei lá... só acho ele gato, mas não tem como rolar nada além disso.

– Aham, tá bom, então – Cadu disse, claramente segurando um sorriso porque o tom extrapálido do rosto de Gabi já estava para lá de rosado. – Coisas desconcertantes, como?

Capítulo 13

– Deixa quieto, Cadu – Gabi respondeu e, no andar de baixo, a campainha tocou.

Cadu queria descobrir o que tinha feito Gabi corar, mas ela não o forçou a contar o que tinha rolado ano passado e não era justo que ele fizesse o contrário. Então escolheu deixar quieto mesmo e rezar para tudo dar certo. Porque Theo era, no mínimo, complicado.

Pouco tempo depois de a campainha soar, Malu, Celeste e Theodoro apareceram na cozinha de Cadu. Era uma visão muito diferente do que ele estava acostumado. Os três colegas eram bem mais altos do que ele e Gabi e tinham algo além da altura, uma certeza de ocupar espaço. Isso vinha mais de Malu, que encabeçava o trio. Celeste e Theo mantinham a postura rígida, como se prestes a sair correndo se preciso, mas não passavam insegurança. Era mais como uma incerteza se deveriam estar ali, uma prontidão para sair se assim preferissem.

– Cadu, sua casa é linda. Passa o elogio pros seus pais, por favor – Malu falou ao largar a mochila pesada no chão e se direcionar à pia para lavar as mãos. Celeste e Theodoro seguiram e fizeram a mesma coisa. Celeste levou um tempo para secar entre cada dedo e Theodoro lavou e secou as mãos duas vezes, com papel-toalha descartável.

Quando terminaram, os três estavam olhando para eles, que não faziam ideia da razão dos olhares curiosos. Foi Malu quem quebrou o silêncio.

– Tá, Theodoro, você conhece Gabi e Cadu e vice-versa – Theodoro focou seus olhos cinzentos em Gabi por alguns segundos a mais antes de passar por Cadu e balançar a cabeça em cumprimento. Mas nada passou por seu semblante quando fez isso: nenhuma menção a algum desagrado com Cadu no passado ou qualquer desavença. Por sua vez, Cadu e Gabi acenaram.

Única

– A gente fez sanduíches e tem refresco na geladeira – Gabi falou enquanto todos se sentavam ao redor da mesa da cozinha e puxavam cadernos e estojos.

Durante as próximas horas, os cinco alunos do Colégio Santa Inês buscaram temas de cultura geral, questões sociais, acontecimentos políticos e tudo o que poderiam pensar para o Projeto, mas nada funcionava em todas as matérias do jeito que eles queriam. Celeste apertava seu pingente de estrela entre os dedos e era o único indício de que estava ansiosa com a falta de resolução. Os cabelos loiros quase brancos de Gabi já estavam todos separados em mechas de tanto que ela puxava e enrolava nos dedos. Os cachos de Malu estavam em um grande coque no topo da cabeça e ela já tinha mastigado a tampa de umas quatro canetas. Cadu estava com câimbra na perna de tanto que a sacudia e os dedos de Theo já estavam doloridos de tanto que ele os movimentava.

– Não é possível! Tem que ter alguma coisa boa e abrangente o bastante! Todo mundo faz isso todo ano, gente! Pelo amor de Deus! – Malu desabafou, enterrando o rosto nas mãos.

– Não no nível que a gente está levando – Gabi sussurrou.

– Oi, pessoal – a mãe de Cadu falou ao entrar na cozinha e ver o caos acadêmico que estava instalado na mesa.

Um coletivo "oi, tia" ecoou na cozinha, a desanimação tangível. Cadu sabia que sua mãe não deveria vir até ele e beijar o topo da sua cabeça na frente dos amigos, mas ele também sabia que ela não resistia. E o desespero deles era tão grande que Cadu nem reclamou quando ela fez isso.

– Qual é o problema, gente? – ela perguntou ao deixar a bolsa na mesa e mandar uma mensagem para avisar o marido que tinha chegado. Em segundos, recebeu uma "também já estou quase aí".

Cadu puxou fôlego com exaustão, fazendo seu semblante parecer bem mais velho do que seus 16 anos, e explicou tudo

Capítulo 13

o que significava integrar o Projeto. Gabi e Malu pontuaram algumas questões conforme Cadu explicava. Celeste e Theodoro só acompanharam a conversa, sem falar nada.

– Ora, não é possível que não tenha tema que funcione. Aquecimento global, por exemplo?

Antes que a mãe pudesse continuar, Cadu enfiou uma lista com todos os temas em que eles tinham pensado e descartado próximo de seu rosto. E sim, aquecimento global estava no topo.

– Não entendo. Tem tantos temas bons aqui. Por que todos foram descartados?

– É porque eu preciso de uma bolsa de estudos. E, para ter a chance de uma, precisamos tirar nota máxima no Projeto. Esses temas nos garantiriam uma boa nota, mas não a máxima.

O jeito como ela falou – objetiva, sem titubear – fez Eunice se perguntar quantas vezes a menina havia dado aquela exata explicação. Mas, mesmo que não fosse a primeira vez, ela falou de uma forma quase com apatia.

– É a segunda vez que escuto isso hoje. Se for repetir para todo mundo, vai ser exaustivo – a voz de Theo soou grave e tão séria quanto seu semblante.

Cadu viu a mãe notar a reação que a fala de Theodoro teve nos outros, como os incomodou a falta de tato no comentário. Mas quase riu quando Celeste se virou e encarou os olhos cinzentos do colega. Ela não respondeu nada além de um leve dar de ombros, como quem diz "isso é um problema seu".

– Bem, então o tema realmente precisa ser excelente. Que tal eu pedir umas *pizzas*? Porque esses sanduíches não serão o suficiente para matar a fome de vocês por muito tempo. Alguma restrição alimentar ou preferência?

– Eu não como cebola – Theodoro falou enquanto os demais sacudiam a cabeça, empolgados com a possibilidade de comer *pizza* no meio da semana.

– Não come cebola crua ou algum tipo específico? – Dra. Eunice perguntou enquanto abria o aplicativo no celular.

– Não gosto de nenhuma. Além do gosto, a textura é ruim.

– Pode pedir uma vegetariana, tia? Estou tentando cortar a quantidade de embutidos – Gabi opinou enquanto passava mensagem para avisar o pai que ia jantar na casa do Cadu.

– Por quê? Vai me dizer que tá de dieta agora? – Malu comentou, ácida.

– Dieta, não. Eu chamo de "equilíbrio alimentar". Adoro embutidos, mas se comer muito, minha pele fica toda empipocada e me sinto mal ao treinar. E a capitã do meu time de vôlei é muito chata. Não estou a fim de tê-la pegando no meu pé, sabe?

Não deu para não rir. Cadu, Gabi e até Malu caíram na risada. Celeste olhou para eles e sorriu, mas Theo permaneceu sério.

– E eu não deveria controlar a comida dos outros – Malu completou e levantou as duas palmas para Gabi. – Odeio quando fazem isso comigo. Foi mal.

– Alguém gravou isso? Porque acho que eu nunca ouvi você falar essas palavras pra mim antes.

– Ah, para de *show*! Eu sempre... quer dizer, quando você está certa, eu admito. Isso é raro, mas...

Enquanto as duas trocavam farpas amigáveis e Cadu alimentava o papo, Celeste os observava. Ela tentava seguir a conversa, sorrir e acenar a cabeça em alguns momentos, mas admitia estar um pouco perdida no meio da troca. Eles tinham uma amizade longa, com várias piadas internas que Celeste não fazia ideia do que significavam. E Malu e Gabi claramente se davam bem, mas mantinham essa bravata de não concordarem quando. Era muito nítido o respeito que tinham uma pela outra. Ela buscou o olhar de Theo e encontrou-o olhando para o celular, trocando mensagens com alguém, completamente alheio a tudo ao seu redor.

Capítulo 13

– Overdose de sarcasmo, hein? – Cadu comentou e, automaticamente, Celeste se recostou na cadeira, como alguém que recebe a resposta para uma pergunta. Essa era uma das razões pelas quais Celeste se dava bem com Theo: ele era direto e não usava figuras de linguagem para se expressar. Rodrigo, praticamente criado com Celeste desde pequeno, também não falava as coisas nas entrelinhas, muito pelo contrário. Isso, de acordo com a pesquisa que estava fazendo, era uma outra característica. Celeste tinha lido que esse tipo de lacuna no traquejo social poderia ser uma indicação de aut...

Ouviram um barulho da chave na porta: o pai de Cadu, que era psicólogo, tinha chegado. Dr. Cid era um Cadu mais velho. Ou melhor, Cadu era a cara do pai. Pele marrom-clara, cabelo bem curtinho e olhos castanhos que expressavam aconchego. Cid entrou pela porta da cozinha e parou ao ver a quantidade de gente ao redor de sua mesa de jantar.

– Nossa, casa cheia hoje! – ele falou sorrindo e se dirigiu até a esposa. Abaixou para dar um beijo em sua testa e perdeu Malu e Gabi sorrindo ao ver o gesto carinhoso. Cadu já achava normal esse amor todo entre os pais. Celeste e Theodoro olharam para o chão, não encarando o casal.

– Estamos pedindo *pizza* e não, aliche não é uma opção – Cadu disse enquanto o pai lhe deu um abraço e, como sua mãe, beijou o topo de sua cabeça.

– Mas azeitonas tudo bem, né? – o pai perguntou e virou o rosto para todos os presentes.

– Gosto de azeitonas – Celeste respondeu e os demais balançaram as cabeças concordando.

– E aí? Quais são as novidades? Isso são planos para dominar o mundo? – Cid perguntou ao sentar ao lado de Gabi e leu a lista de temas.

– Vai repetir? – Theodoro perguntou a Celeste, que foi interrompida por Gabi.

– Tio Cid, qual assunto você acha que seria algo digno de nota máxima, algo que passe por várias matérias e que deixe os professores de boca aberta tamanha a nossa inteligência? E não, aquecimento global não é um deles.

Cid olhou de Gabi para os demais: vários pares de olhos na expectativa da resposta dele, como se ele tivesse a resposta para todas as questões. Na sua profissão de psicólogo, geralmente as primeiras sessões eram assim: os pacientes queriam respostas para seus problemas sem se dar conta de que eram eles mesmos que teriam que responder, que resolver as questões. O papel do psicólogo era ouvir e ajudar a guiar nessa jornada, não resolvê-la.

– Nota máxima é assunto sério. Deixa eu pensar... precisa ser algo abrangente e que cause impacto. Então seria interessante algo ligado à escola ou à vida de vocês no dia a dia, né?

Malu olhou para Cadu e Gabi e elas aprumaram os ombros, como se ideias estivessem voltando a aparecer. Celeste e Theodoro inclinaram a cabeça para o mesmo lado, sem piscar, buscando mais informações de Cid.

– Isso é bom, pai. Isso é bom... o que mais? – Cadu disse e começou a escrever em uma folha nova de caderno.

– Bem, vamos ver. O que faz parte do dia a dia de vocês? Relacionamentos, amizades, amores, desavenças, aprendizado...

– Tá muito abstrato, pai. Volta um pouco mais para fatos concretos, por favor – Cadu disse e Gabi sorriu.

– Não. Faz sentido. A gente estava reclamando como é um absurdo que a escola não tenha programa de bolsa de estudos. Nem sabemos se eles realmente vão conceder à Celeste essa bolsa se conseguirmos nota máxima. Então isso é uma questão: inclusão no ensino – Malu mencionou e Cadu escreveu rápido.

– Tá, mas inclusão no ensino também é abstrato demais. Podemos falar sobre questões sociais que levam a isso, mas

Capítulo 13

vai expor a Celeste – Gabi virou-se para a colega – Ninguém precisa saber o que aconteceu se você não quiser.

– Não tem problema saberem. O problema não é minha mãe não conseguir pagar a escola sozinha, é meu pai fugir da responsabilidade dele. Quem deveria ter vergonha é ele, não nós – Celeste respondeu, com certeza na voz, mas dava para notar uma tristeza no olhar.

– É essa a motivação para a tal nota? – Cid perguntou e Celeste fez que "sim" com a cabeça.

– Inclusão no ensino ligada a abandono parental? Isso não funcionaria em todas as matérias – Theodoro falou e Malu, Gabi e Cadu olharam para ele com sangue nos olhos. Ele pareceu não notar, mas Eunice e Cid franziram o cenho para a rispidez do rapaz, mesmo com falta de agressividade na voz.

– Theodoro tem razão. Mas gosto da ideia de falarmos de ensino de alguma forma. Isso sim passa por todas as matérias – Celeste respondeu, inabalada.

– Que tal neurodivergência? – Dra. Eunice comentou e todos os pares de olhos se viraram para ela.

– Como assim? – Cadu perguntou. – Tipo déficit de atenção?

– Ou autismo – Theodoro complementou. – Existem inúmeras questões na neurodivergência. Quais abordaríamos?

– Conhece algumas? – Dra. Eunice perguntou e Theo fez que "sim" com a cabeça.

– Eu sou autista.

– Isso explica tanta coisa! – Cadu sussurrou e tomou um tapa na nuca de Gabi. Theo ou não notou, ou não ligou.

– Quando você foi diagnosticado? – Cid perguntou.

– Aos 10 anos.

– E você acha que tratar de neurodivergência no ensino seria um bom tema? – Malu perguntou, cuidadosa. Todos ao redor da mesa tinham recebido a notícia como um baque grande. Bem, quase todos.

– Acho que funcionaria. Podemos listar quais tipos de neurodivergência abranger, mostrar na literatura como personagens ou autores são neurodivergentes.

– Nas exatas, temos exemplos de conquistas por cientistas e pesquisadores nessas áreas – Gabi complementou.

– Em História e Geografia, podemos buscar dados demográficos sobre diagnósticos e como muito mudou de lá para cá – sugeriu Cadu.

– Em todas as matérias, podemos mostrar a importância de reconhecer como todo indivíduo é único, como éramos taxados de loucos, mas como o progresso do diagnóstico ajudou muitos de nós a conviver em sociedade e a aprimorá-la também – disse Theo.

– E mostrar como toda instituição de ensino precisa estar apta a identificar e ajudar alunos neurodivergentes ou com dislexia, por exemplo – Malu complementou.

Celeste foi a única que não abriu a boca. Toda a pesquisa que vinha fazendo sozinha e depois com a ajuda de Theo estava agora sendo jogada de pessoa em pessoa ao redor da mesa da cozinha de Cadu. Todas as noites viradas na internet do celular em casa, muito tempo depois de a mãe ter ido dormir, agora estavam no ar, para todos saberem. E Celeste não sabia ao certo como se sentia a respeito disso.

"Peculiaridade" tinha um nome para Theo e esse nome era "autismo". Ela estava pesquisando características, sintomas e aspectos na internet durante muito tempo quando ele a descobriu um dia, no computador da escola. Ela lembra como se fosse hoje: os segundos de pânico, aguardando um dedo ser apontado para ela seguido de algum insulto, mas nenhum veio. No lugar disso, Theo puxou uma cadeira, sentou-se ao seu lado e perguntou o que ela já sabia, o que queria saber e por que estava pesquisando. Assim, sem nenhum tom de ameaça ou zoação. Só para ajudar mesmo. Então ela respondeu e ele a

Capítulo 13

informou sobre ser autista. Desde então, eles vinham conversando e pesquisando sobre o tema e ele tinha insistido para que Celeste finalmente perguntasse para a mãe se poderia conversar com alguém a respeito do assunto. Mas ela ainda não tivera a oportunidade nem coragem para isso. E agora, aqui estavam eles, todos conversando sobre uma palavra que seguia Celeste e poderia mudar sua vida: "diagnóstico". Será que ela tinha transtorno do espectro autista? Será que isso explicava o abandono do pai?

– Ei – Malu sussurrou baixinho, mas soou como um berro para Celeste, que se assustou e deu um passo para trás. Os outros estavam ocupados escrevendo e tentando organizar os temas por matérias. Ou não notaram a mudança de comportamento da amiga, ou escolheram fingir que não notaram.

A primeira reação que queria ter era sair dali, ir para casa, colocar os fones e voltar a assistir a episódios da sua série favorita. Quando estava nervosa ou ansiosa como agora, observar como seu personagem preferido agia sob pressão a acalmava. Mas ela pensou rápido o suficiente para não se levantar da cadeira e correr pela porta. Afinal, estava longe de casa. Ela tinha acesso pelo celular, poderia fazer isso ali, no meio da cozinha de Cadu. Por que estava tão quente? Celeste passou uma mão pela nuca, sentindo o suor frio escorrer pelo pescoço, e desarrumou a franja do cabelo curto, enquanto a outra mão buscava o pingente de estrela no colar.

– Achamos nosso tema, Celeste – Malu falou baixinho, como se tivesse medo de assustar a colega. Os olhos castanhos de Celeste encontraram o olhar atento de Malu e focaram nas sardas no seu nariz. Uma, duas, três... Celeste contou todas as sardas duas vezes e Malu esperou em silêncio. Alguns segundos disso e ela estava mais calma, de volta à sua cadeira ao redor da mesa.

– Achamos nosso tema – Celeste falou baixinho. – Obrigada, Malu.

– Não me agradeça ainda. Temos muito trabalho pela frente. Enquanto eles dividem por matéria, que tal redigirmos uma proposta para levar na direção? Tudo o que for possível para garantir a sua bolsa vale a pena, certo?

– Certo. Posso fazer isso – Celeste pensou. Era o que Reid, seu personagem preferido no seriado *Arquivos Criminosos* faria afinal: resolver a questão ao seu alcance para solucionar o enigma.

– Então, bora! – Malu disse ao sentar ao lado dela e puxarem seus cadernos.

Enquanto os pais de Cadu se levantaram para pegar pratos e talheres para alimentar a galera toda e Malu começou a anotar o que queria levar para a coordenação, Celeste voltou a pensar na mãe. Como ela poderia falar para sua mãe solo e cheia de problemas que talvez ela fosse neurodivergente, autista? E que, além disso, para conseguir um diagnóstico seria, além de um processo longo, muito custoso? E que, mesmo assim, ela realmente queria, precisava saber?

– Ah, eu tenho o nome perfeito para o Projeto – exclamou Gabi, trazendo Celeste de volta para o presente. – "TEA no Ensino"! Tipo "chá no ensino" porque *tea* é "chá" em inglês! É perfeito! – Gabi exclamou sorrindo.

– É tosco, Gabi – Cadu respondeu, mas estava sorrindo.

– Acho que é uma boa sugestão. Ajuda a desmitificar o termo. E toda vez que alguém vir uma xícara de chá, vai lembrar da questão. O que acha, Theodoro? – Dra. Eunice perguntou.

– Pode funcionar – o menino resmungou ao seguir escrevendo velozmente.

TEA. Transtorno do espectro autista. Chá. Celeste não gostava de chá, preferia café, mas café a deixava agitada. Seria isso outro sintoma?

Um toque no interfone e um no celular da mãe de Cadu soaram na cozinha e ela assustou novamente. Viu que Theo

Capítulo 13

também deu um leve pulo na cadeira. Ambos detestavam barulhos súbitos. Seria esse outro aspecto do autismo?

– É da guarita. As *pizzas* chegaram – Dra. Eunice avisou e saiu para buscá-las.

– Respira, Celeste. Vai ficar tudo bem – Celeste ouviu Theo falar e seus olhos castanhos acharam os cinzentos dele. Celeste escolheu acreditar no amigo.

"Eu tenho vasto conhecimento que deveria estar aplicando a este caso. Mas agora não consigo me concentrar por mais de 4 segundos, o que me torna a pessoa mais ineficaz da sala". (Stevão Reid, em *Arquivos Criminosos*).

Celeste passou o restante da noite trabalhando na proposta para a direção da escola sobre sua bolsa de estudos. Explicou em detalhes – talvez até mais detalhes do que seria sensato explicar – a razão do pedido de bolsa na condição de tirar nota máxima no Projeto. Malu fez questão de pontuar a importância de a escola ter um programa de bolsas de estudos e o absurdo de isso só estar sendo questionado agora. E o restante do grupo, liderado por Theodoro, seguiu dividindo a temática que escolheu por matérias e o que abordaria em cada trabalho.

Celeste se pegou observando Theodoro com outros olhos agora. Antes, ela via no garoto alguém de certa forma semelhante. Agora, Theodoro era uma pessoa completamente diferenciada, que sabia quem era, o que o afligia. Ele tinha nomes, tratamentos, explicações e Celeste se pegou sentindo inveja dele. Era como se o que eles tinham em comum tivesse evaporado e, em uma corrida, Theo estivesse horas na frente, dias... uma vida inteira na dianteira.

E a menina não entendia exatamente por que se sentia assim. Ela conhecia Theodoro, conhecia como eles eram iguais e diferentes. E ele a estava ajudando a pesquisar justamente respostas para ela. Por que algo teria mudado agora? Por que esse mar de distância entre eles de repente?

E Theodoro não parecia se preocupar nem um pouco em ser o centro das atenções e das perguntas dos colegas de classe. Eles queriam saber como era ser autista e a resposta de Theodoro, como sempre, foi sincera e bem direta:

– Eu não sei como é ser autista. Eu sou, mas nunca fui nada diferente disso. Não tenho como comparar – disse entre uma mordida e outra da *pizza* sem cebola.

E fazia sentido. Ser neurodivergente não era algo que fosse possível comparar, ter um "antes e depois", porque nunca houve um antes. Para ele, a questão é um "sempre" e, agora, para Celeste, é uma questão de "mas será que eu também sou?".

Todas as vezes que Celeste agiu de forma diferente do esperado por sua família, ela considerou ser parte de quem ela era, o "jeitinho" dela, a sua peculiaridade. Ela entendia que era diferente e que isso era parte dela. Mas depois de começar a pesquisar possibilidades para dar um nome correto à sua peculiaridade, viu-se pensando: será que saber exatamente onde ela estaria nesse tal espectro a faria ser mais compreendida pelos outros? Mais aceita?

Aquela palavra dita pelo pai há tanto tempo voltou à sua mente e Celeste sentiu um leve arrepio descer da sua nuca até a base da sua coluna. Ao abrir os olhos encontrou os cinzentos de Theodoro fixos nela através das lentes dos óculos. Ao redor dos dois, todos comiam, falavam e a energia na cozinha era empolgante. Embora tivessem muito trabalho de pesquisa pela frente, a sensação de ter finalmente escolhido um tema relevante era de alívio, de inúmeras possibilidades. Mas Celeste só sentia peso no peito e sabia que Theodoro entendia.

– Eu posso te deixar em casa – Theodoro disse para Celeste, que coçava os cabelos curtos da nuca.

– Vocês já vão? Podemos ficar até mais tarde. Amanhã é fim de semana, né? – Cadu comentou, olhando para a mãe para confirmação.

Dra. Eunice, que tinha observado as interações durante o jantar antes de deixar as crianças trabalharem sozinhas, havia

Única

voltado para avisar que o pai de Malu tinha ligado e avisado que estava vindo buscá-la. Malu estava empolgada em ver o pai, que acabou conseguindo voltar mais cedo do que o esperado, e já juntava os materiais dentro da mochila.

– Não tem problema, Theo... doro – Malu disse ao arrastar a última sílaba do nome do colega e evitar a reclamação dele sobre o apelido. – Eu ainda posso deixar Celeste em casa.

– É fora do seu caminho. Seu pai mora aqui perto, correto? Eu posso deixar Celeste. Minha irmã está vindo me buscar.

– Eu moro muito longe, Theodoro – Celeste respondeu enquanto arrumava a mochila.

– Eu sei. Minha irmã não vai se importar.

– Nem meu pai, Celeste. A gente sabe que você mora mais longe. Tá tranquilo. Você decide.

Só mais um fato que diferenciava Celeste de todos os colegas de classe. Eles poderiam morar mais ou menos perto da escola, em bairros próximos, mesmo não sendo os lugares mais caros da cidade. Mas a casa da família de Cadu era linda. E ela sabia que Gabi morava em algo similar na mesma rua. Malu tinha duas casas e uma família que, embora separada, estava presente na sua vida. E alguém – ou a irmã de Theo ou o pai de Malu – estava prestes a ver o quanto onde ela morava era diferente. E como ela não sabia como se sentiria ao ver Malu e o pai juntos – algo que ela nunca teve –, fez sua escolha.

– Obrigada, Theodoro. Aceito sua carona – Celeste falou ao fechar a mochila.

– Então tá bom – disse Malu ao jogar sua mochila sobre um dos ombros – Gabi, você monta um grupo no aplicativo pra gente poder se falar? Theodoro e Cadu, vocês compartilham tudo o que anotaram com todos nós para cada um começar a pesquisar. A gente vai se falando e se encontra na segunda, fechado? – Malu completou e todos acenaram com cabeças

84

Capítulo 14

concordando. Ela foi até a Dra. Eunice e deu um abraço nela.

– Obrigada por nos receber aqui, tia!

– De nada, Malu – Dra. Eunice sorriu e abraçou a alta menina também. Gabi deu uma beijoca no rosto de Cadu e de sua mãe e seguiu Malu.

– Obrigado por não pedir cebola na *pizza*, Dra. Eunice – disse Theo ao passar pela mãe de Cadu. Celeste seguiu e só conseguiu murmurar um "obrigada" baixinho e saiu pela porta também.

Cadu e a mãe ficaram na porta da cozinha acenando levemente e acompanhando os quatro adolescentes descendo as escadas e saindo pelo portão. Gabi subiu a rua a pé para a própria casa e Malu entrou em um carro com o pai. Enquanto o carro do pai de Malu era prata e de um modelo comum de se ver por aí, o da irmã de Theo era um fusca antigo vinho com calotas cor de creme. Tá aí uma imagem que eles nunca imaginariam ter: Theo em um fusca vinho. Ele abriu a porta e levantou o banco para que Celeste pudesse entrar. Na sequência, se dobrou todo para entrar no banco do carona ao lado da irmã.

– Seus amigos são ótimos, meu filho – disse Dra. Eunice enquanto colocava a louça na lava-louças e Cadu trancava a porta.

– É... – Cadu murmurou baixinho.

Porque, na verdade, de todos aqueles colegas sentados ao redor da mesa, só Gabi era amiga dele. Só ela realmente o conhecia, o entendia e o aceitava. Malu e Celeste ele conhecia, mas nunca teve intimidade para bater papo. E Theo... a dor que Cadu sentia no peito quando se lembrava do que tinha acontecido, a vergonha, o medo de ser descoberto e exposto para os outros sem estar pronto, tudo isso foi amortecido pelo que descobriu hoje. Amortecido, mas não apagado.

Talvez Theodoro não tivesse mesmo traquejo social e a falta de noção dele não fosse questão de grosseria. Talvez o que ele disse naquele dia não fora crueldade, embora tenha sido percebido dessa forma. Talvez, um dia, com mais coragem, Cadu perguntasse a Theo sobre isso.

— Confesso que não esperava o que aconteceu com seu amigo hoje — a mãe de Cadu falou ao acompanhar o menino até o pé da escada. — Você sabia que ele era autista, filho?

— Não.

— Eu e seu pai ajudaremos no que for preciso, tá? Não somos especialistas em neurodivergência, mas conhecemos alguns. Se precisar fazer pesquisa com profissionais, a gente corre atrás.

— Valeu, mãe — Cadu falou e sorriu ao ter seu rosto segurado entre as mãos da mãe, que beijou sua testa com carinho.

— Isso também vale pra você, Cadu. O que você precisar, eu e sua mãe estamos aqui pra você.

— Eu sei — Cadu disse meio sem jeito e se soltou dos olhos atentos dos pais, subindo os degraus de dois em dois até o quarto. Seu coração batia rápido e forte contra o peito não somente pela subida corrida pelas escadas, mas por tudo. Ele precisava tomar coragem e falar com eles. Ele se sentia pronto. Bem, meio que pronto. Na verdade, estava no caminho de se sentir pronto e isso já era um avanço e tanto.

Malu entrou no carro do pai com um sorriso que não cabia no rosto. Jogou a mochila no banco de trás e se jogou por cima do freio de mão, passando os braços pelo pescoço do pai, estalando um beijo no seu rosto.

— Que saudades de você! — o pai gargalhou e Malu também.

— Eu juro que um dia você não vai caber no carro de tão alta! — o pai mencionou quando Malu se sentou e colocou o cinto de segurança.

— Aí você vai me deixar treinar com as meninas do time? Porque jogar como elas eu já jogo, né? — Malu disse.

Capítulo 14

O papo começou com esse pedido que Malu sempre fazia. Seu sonho era seguir os passos do pai e ter uma carreira não só como jogadora, mas como técnica de vôlei. O papo seguiu confortavelmente para o Projeto. Seu pai sabia da importância dele para a nota dela. Malu também explicou a questão da bolsa de Celeste e tudo o que Theodoro tinha comentado mais cedo.

– É muito correto o que você está fazendo para ajudar sua amiga, Malu. Estou orgulhoso de você – Malu ouviu o pai dizer e seu peito pareceu que ia explodir de felicidade. – Mas você sabe que é possível de a direção querer embarreirar a bolsa mesmo assim, né? Vocês precisam estar preparados para isso.

– Eu sei. Mas Celeste disse que é sua única chance. E ela não quer mudar de escola. Não lida bem com mudanças.

– Quem lida, né? Mas às vezes são necessárias.

– Não é exatamente isso – Malu comentou e olhou para os dois. Durante a conversa, Malu notou o interesse de Celeste em tudo o que Theo disse, mas também notou o desconforto dela. Ela não queria comentar sobre a colega com o pai porque, de alguma forma, parecia que estava traindo a confiança da amiga ao falar sem ela estar presente.

– É que... bom, eu acho um absurdo uma escola como o CSI não ter um programa de bolsas. De repente, com o caso da Celeste a gente consegue mudar isso. Seria um legado e tanto abrir esse caminho para outros alunos terem essa oportunidade – Malu escolheu dizer. Realmente pensava assim e achou melhor focar nisso do que no que estivesse acontecendo com Celeste. Não era uma questão sua para comentar.

– Acho que vai ser incrível se conseguirem e podem contar comigo com o que eu puder ajudar – seu pai comentou. – Acho o tema importantíssimo. Eu já tive várias jogadoras neurodivergentes. Algumas tinham dislexia. Você sabe o que é isso?

– Sei. É questão de aprendizado que envolve dificuldade de ler, né? Tom Cruise é disléxico.

Única

– Sim, é isso. A dislexia é considerada uma forma de neurodivergência. E até algumas delas serem diagnosticadas, as pessoas passaram por muitos perrengues na escola, Malu. A frustração de não entender o que todo mundo entendia sem dúvidas, sabe? A angústia de se sentir incapaz. É muito, muito complicado e muito solitário. Você mesma disse, Tom Cruise é disléxico e é um ator que precisa memorizar inúmeras falas por projeto. Já imaginou o quanto ele trabalha duro por isso?

– Nossa, e imagina quantas pessoas anônimas passam pelo mesmo? E quantas não sabem que são disléxicas e não conseguem o apoio, a ajuda para conseguir viver de uma forma melhor – Malu completou.

– Exato. As pessoas não driblam a neurodivergência que têm, mas aprendem a lidar com ela. É parte de quem são, mas não é tudo o que são, entende? Não as define.

Malu sacudiu a cabeça indicando que sim, que entendia. Mas no fundo ela só achava que entendia. Só de ouvir o que o pai contou, pensou em Celeste e em como ela reagiu quando Theo falou sobre seu diagnóstico. Foi uma enxurrada de informações e ela aposta que a colega mal teve tempo para processar tudo. E, de repente, ela sentiu uma vontade enorme de abraçar a amiga, de estar lá para ela, de contar que ela não estava sozinha. Então, Malu sentiu a mão do pai apertar a sua.

– Vocês vão arrasar, tenho certeza. Sua mãe já sabe da temática do Projeto e da questão da bolsa? – perguntou.

– Ainda não. Vou contar quando for pra casa no domingo.

– Tudo bem. Esse tipo de conversa é melhor ter cara a cara mesmo. Sabe como é sua mãe, né? Ela vai querer fazer matérias a respeito.

– Talvez ela devesse, pai. Minha mãe pode ajudar caso o colégio decida não dar a bolsa para Celeste no fim disso tudo – completou Malu. – E, talvez, algo devesse sim "vazar" para a imprensa

Capítulo 14

sobre uma escola como o Santa Inês não ter um programa de bolsas de estudos e não somente para alunos neurodivergentes.

– Concordo. Mas conheço minha ex-esposa e ela é tão destemida quanto você. Vamos ganhar essa batalha por partes. Mostrar todas as cartas agora não garante vitória.

– Sempre o estrategista – Malu disse sorrindo e o abraçou. – Mas concordo. A mamãe pode ser nossa arma secreta.

– Só não a chame de "plano B" ou ela vai surtar! Arma secreta é mais o estilo dela.

Chegando em casa, eles se acomodaram no sofá e ligaram a TV. Malu apostava que seu pai deveria estar relembrando a dureza que foi para várias jogadoras que treinou, para jogadoras que usaram o esporte para ter algo a seu favor quando tiveram outras coisas contra. E ser treinador é isso: ajudar o time a vencer, mas não poder entrar em quadra para resolver você mesmo. E a amizade é assim também: nos tornamos escudeiros de quem a gente gosta.

Engraçado como, em pouco tempo, Malu foi de pensar em Celeste como colega para amiga e elas nem tinham esse histórico todo. Malu lembra de não a ter defendido exatamente, mas ficado do lado de Celeste durante várias questões acadêmicas. Mesmo assim, ela não tinha ideia do que já tinha se passado pela cabeça de Celeste, tudo o que ela já tinha passado antes, mas queria estar presente para os próximos anos, queria estar ao lado da amiga para ajudar no que fosse possível. Porque solidão é algo que Malu não gosta de sentir. Talvez seja por isso que goste tanto e se dê tão bem com esportes coletivos. Celeste estava no seu time agora, mesmo que fora da quadra, e uma coisa que Malu não fazia era dar as costas para o seu time.

Celeste seguiu Theo até a porta do carro da irmã dele. Ainda se sentia meio no piloto automático com tudo o que tinha acontecido. Os ombros largos do menino se curvaram perto da janela do motorista, a qual se abriu para revelar alguém muito, muito diferente de Theo.

A mulher não deveria ser tão mais velha do que ela e não tinha absolutamente nada em comum com Theo. Talvez somente o tom da pele. Mas, no lugar dos cabelos pretos do menino, os dela eram de um tom de ruivo impressionante que combinava com o tom vinho do carro. Assim como Malu, ela tinha sardas, mas não somente no nariz. Elas cobriam toda a extensão de sua pele. Seus olhos eram de um castanho inquietante, porque pareciam acesos como fogo, mas não eram intimidadores como o elemento. Celeste sabia que Theo era adotado e que tinha uma irmã mais velha, mas nunca a tinha visto, então automaticamente pensou em uma pessoa parecida com ele. No lugar da quase frieza de Theo, sua irmã parecia um grande abraço.

– Essa é Celeste. Vamos dar uma carona pra ela – Theo avisou a irmã enquanto ela abria a janela do carro e ele abria a porta do outro lado.

– A famosa Celeste. Theo já me falou de você e finalmente posso te dizer pessoalmente que acho seu nome lindo! – a irmã de Theo falou e sua voz era tão aconchegante quanto sua aparência. Ela fazia Celeste pensar em conforto.

– Obrigada! – Celeste disse ao entrar no carro, que cheirava a mel e maçãs. Theo baixou o banco, dobrou quase seu 1 metro e 80 dentro do carro e bateu a porta suavemente.

Theo provavelmente tinha compartilhado com a irmã a pesquisa que faziam. Celeste pensou em como isso a fazia se sentir e decidiu que, se Theo compartilhou com a irmã era porque confiava nela. Celeste sabia que os dois eram muito próximos.

Antes de o carro começar a andar, ele se esticou até a irmã e deu um suave beijo em seu rosto, o que a fez sorrir. O carinho entre eles era genuíno e, mais uma vez, o coração de Celeste se apertou. A ternura a fez lembrar do sorriso largo de Rodrigo e

Capítulo 14

das brincadeiras dos primos. De repente, uma enorme saudade deles se fez presente.

– Oi, Theo – sua irmã disse com um sorriso no rosto e na voz enquanto o irmão se recostava no próprio banco.

– Essa é Philippa, minha irmã mais velha.

– Prazer, Celeste! Agora me conta, onde você mora? – Philippa perguntou enquanto soltava o freio de mão e colocava o carro para andar.

Celeste deu seu endereço e permaneceu quieta, aguardando o comentário de Philippa repreendê-la por ter que sair tanto de seu caminho, seus dedos apertando suavemente cada uma das oito pontas da estrela pendurada em seu colar. Mas a ruiva apenas colocou o endereço da menina no aplicativo do celular e foi seguindo as orientações.

Enquanto passavam por várias ruas e bairros do Rio de Janeiro, Theo e Philippa conversavam. Ou melhor, ela fazia perguntas e ele respondia. Ou isso ou Philippa oferecia informações para Celeste e também fazia perguntas a ela.

– Então, Celeste, me conta a história do seu nome incrível – Philippa perguntou e Celeste franziu o cenho. A pergunta a fez se lembrar de quando sua avó havia lhe presenteado com o colar que agora apertava entre os dedos.

– Quer dizer "céu". Minha avó e minha mãe escolheram pra mim. Minha avó gosta de ler tarô e de coisas místicas. Ela disse que ter o nome do céu todinho em uma só palavra era importante. Ela me chama de "Céus" às vezes. – Celeste comentou e encontrou os olhos cinzentos de Theo olhando para ela pelo espelho retrovisor. Ele parecia muito mais alto do que já era em um espaço pequeno como o do Fusca.

– Que lindo! Eu adoro essas histórias. Sua avó deve ser uma mulher muito legal – Philippa falou e Celeste se pegou sorrindo levemente ao lembrar da avó.

– Ela é sim.

– Já eu ganhei o nome de uma autora de romances. Acho que foi destino porque eu simplesmente amo ler romances e curso Letras e Produção Editorial. Acho que era para ser – Philippa comentou sorrindo e Theo franziu o cenho para ela.

– Se isso tivesse qualquer mérito, então Celeste estaria destinada a ser astróloga, astrônoma ou astronauta.

– E quem disse que ela não pode ser? Ela tem o céu inteiro no nome, Theo. Ela pode ser o que quiser – Philippa respondeu sem qualquer irritação na voz. – E não liga para o meu irmão. O nome dele quer dizer "dádiva divina" em grego e ele foi um presente de Deus para os nossos pais. Mas para mim ele é o meu zangadinho cuti-cuti – Philippa disse isso e cutucou Theo nas costelas, fazendo cócegas. E foi a primeira vez que Celeste ouviu Theodoro gargalhar. O som a fez sorrir.

– Para, Philippa! Eu detesto cócegas! – Theo exclamou com a voz grave e tentando se esquivar da irmã, mas de uma forma carinhosa, sem fazer com que ela batesse com o carro, o que era bom para todos os envolvidos.

– Eu sei, Theo. Por isso que eu faço – Philippa falou ainda rindo e parou de atacar o irmão.

Em seguida, Philippa perguntou sobre o Projeto. Enquanto Theo explicou sobre o tema, a abrangência dele e sobre a bolsa de estudos de Celeste, a menina começou a apertar o pingente novamente. Todos os sentimentos – alguns ainda não identificados por ela – que a invadiram quando Theo mencionou seu diagnóstico voltaram à tona. Mas ela estava presa ao banco de trás de um carro, sem o olhar calmante de Malu, sem escapatória.

– Nossa, isso é muita coisa para uma sexta à noite, Theo – Philippa comentou de forma suave, mas sem desdenhar do que o irmão tinha acabado de relatar. – E aposto que vão conseguir a bolsa, Céu! Posso te chamar de Céu também? Seu nome é lindo, mas concordo com sua avó e gosto de apelidar as pessoas de quem eu gosto.

Capítulo 14

– O nome dela é bonito demais para ser substituído por três letras – Theo resmungou, mas as duas ouviram.

Por 3 segundos, o carro ficou em silêncio. Então, Philippa falou:

– Eu juro que um dia ainda vou ver você se transformar em um herói romântico. Isso foi a coisa mais linda que você já disse, garoto! E o pior é que você nem se deu conta, né?

Celeste pensou que seria impossível qualquer dúvida passar pelo semblante de Theodoro, já que ele aparentemente tinha respostas para tudo. Mas suas sobrancelhas estavam franzidas enquanto ele tentava decifrar o que a irmã tinha dito.

– Eu só falei um fato. É uma verdade, Philippa. Isso não tem nada a ver com romantismo.

– E mais isso! Nossa... sério... você é o máximo, garoto. Já são mais algumas falas que o personagem *grumpy* que eu estou escrevendo inspirado em você vai falar. Aliás, Celeste, posso pegar o seu nome emprestado para o livro que estou escrevendo? Vai ficar perfeito no meu trope *grumpy/sunshine*! – Philippa perguntou empolgada.

– Hum... claro. O que é *grumpy/sunshine*? – Celeste perguntou.

– Ah, não... agora ela vai falar pelos cotovelos – Theo resmungou.

Philippa parecia uma mescla de pipoca estourando e uma princesa da Disney. Ela literalmente deu um pulinho no banco do carro tamanha era sua empolgação ao responder a Celeste. Primeiro, ela perguntou se Celeste gostava de ler e a resposta foi um "mais ou menos" meio desanimado. Mas então Philippa perguntou se tinha algum filme ou alguma série de que Celeste era fã.

– Gosto muito de *Arquivos Criminosos* – a menina respondeu e Philippa sorriu e balançou a cabeça reconhecendo a série.

– *Show*! Posso trabalhar com isso. Sabe a Priscila? Ela é puro *sunshine,* ou seja, totalmente alegre e feliz. E o Adam é *grumpy,* ou seja, super-ranzinza e fechadão. Se eles fossem um casal, seria *grumpy/sunshine*. Só não são porque realmente química zero nem para *fanfics*, mas ele é uma delícia de personagem e ela é o máximo!

— São meus favoritos depois do Reid — Celeste mencionou, sentindo-se à vontade para falar sobre algo de que ela gostava tanto.

— Ah, nossa, Stevão Reid pode ir ler todos os livros lá de casa quando ele quiser — Philippa respondeu com um sorriso apaixonado nos olhos. — Ele é gato, inteligente e um amorzinho. Tirando a última parte, conheço alguém assim — ela disse e cutucou o irmão no braço.

— Tirando a inteligência, não tenho absolutamente nada em comum com Reid — Theo resmungou.

— Ah, tem sim. Mas fisicamente, e com o seu humor, você me lembra mesmo é o Kylo Ren. Meu irmãozinho *sith/jedi* de *Guerra nas Estrelas*! — Philippa falou com uma voz infantilizada e apertou a bochecha de Theo, fazendo-o empurrar sua mão para longe, mas ele riu mesmo assim.

— Aliás, esse é um *ship* incrível que não foi feito direito nos filmes. Kylo e Rey, ou Reylo como o *fandom* chama. E é *grumpy/sunshine* também — Philippa explicou e tanto Celeste quanto Theo menaram a cabeça concordando.

O cenário foi mudando conforme a conversa avançava. Os grandes prédios e as ruas movimentadas deram lugar a ruas menores, algumas sem asfalto. A iluminação urbana também ficou mais escura e o pequeno fusca vinho parecia uma brasa em uma noite sem Lua. Celeste sabia que seu bairro não era o mais seguro do Rio, mas conhecia seus vizinhos e não só os que moravam no seu prédio, mas de várias ruas ao redor. Não querer sempre conversar com eles não era sinônimo de não ser grata por eles serem tão legais. Por mais que ela soubesse da violência urbana em uma cidade enorme como o Rio de Janeiro, ela se sentia segura perto de casa.

Capítulo 14

Justamente quando Celeste estava se sentindo mais à vontade com Philippa, chegaram à casa dela. Da rua dava para ver que a janela da sala brilhava com a luz acesa. Sua mãe devia estar esperando-a chegar.

– Obrigada pela carona – Celeste falou tanto para Philippa quanto para Theo, que estava saindo do carro para acompanhá-la até o portão.

– A sua irmã é muito legal – Celeste mencionou para o colega quando chegou à portaria do prédio.

– Ela é sim. Só não conta pra ela ou ela nunca mais vai calar a boca e vai inventar um monte de apelidos pra você – Theo falou, passando a mão pela nuca, um leve sorriso no rosto. Estava muito claro que ele e a irmã se davam muito bem. Mais uma coisa que Celeste se achou invejando no colega: esse tipo de relacionamento, ter alguém diferente de você, mas que lhe entende e lhe aceita por completo.

– Tudo bem ela te chamar de "Céu"? Porque eu posso falar pra ela que você não gosta. Ela respeita quando eu falo – Theo mencionou, encarando Celeste em busca da resposta da amiga.

– Tudo bem. Eu gosto de ter um apelido assim – Celeste falou e se viu concordando com isso. Era realmente um sinal de afeto e ter alguém que a visse dessa forma a fazia feliz.

– OK. Vou avisar isso pra ela.

– Obrigada, Theodoro, por tudo.

– Celeste, eu sei que a pesquisa era uma coisa só sua, e pode continuar sendo. Eles não precisam saber – Theo disse, sério.

E lá estava o pensamento que não largou Celeste desde o momento que escolheram o tema para o Projeto. Ela queria saber mais se era ou não autista. Para ela, era muito claro que era neurodivergente, mas seria autista? Seria esse o nome da sua peculiaridade? Ela teria um nome?

Durante tanto tempo, até Theo se juntar a ela, essa busca fora tão solitária! Mas, ao ter o tema do Projeto escolhido, Celeste se sentiu simultaneamente exposta e amparada, sentimentos opostos que a deixaram confusa e sobrecarregada e que ela precisava investigar melhor.

– Obrigada. Eu ainda não sei o que quero fazer.

– Tudo bem não saber. Philippa estava certa quando disse que foi bastante coisa para uma sexta-feira. E ela nem sabe ao certo toda a pesquisa. Eu não contei... eu só disse que estava ajudando você em interesses comuns.

– E ela acha que esses interesses são o quê? – Celeste perguntou ao buscar as chaves de casa no bolso da mochila, o que a impediu de notar um leve rubor no rosto pálido de Theo.

– *Arquivos Criminosos* – ele disse em quase um sussurro, um leve sorriso nos lábios.

Os olhos castanhos de Celeste se arregalaram e um sorriso enorme se abriu.

– Você também gosta?! E nunca me contou?! Por quê?

– Não sei. Queria conversar contigo sobre isso, mas estamos tão focados na pesquisa que eu não queria... você sabe como a gente fica quando gosta de alguma coisa. Quero dizer, realmente gosta.

– Eu sei, sim! Ah, não acredito que você não me contou! Agora eu quero saber tudo, Theo... posso...?

– Pode sim – Theo disse rindo, aceitando o inevitável: Celeste era sua melhor amiga e podia sim chamá-lo pelo apelido.

– Qual é seu episódio favorito, personagem...

– O musical e não, eu geralmente não gosto dos episódios musicais. E minha personagem favorita é a Jane.

– Ah, adoro ela – Celeste sussurrou lembrando da agente que é melhor amiga de Reid, personagem favorito dela.

Capítulo 14

– É meio que um alívio saber que a gente pode conversar sobre isso agora – Theo falou rindo, dando um passo para trás, quase se virando para voltar para o carro da irmã.

– Eu estou vendo tudo do início com um amigo meu. Se quiser, te coloco no grupo para debatermos – Celeste ofereceu.

– Melhor não. Não acho que consigo lidar com mais de um grupo. Mas quando mandar mensagem pra ele, sinta-se à vontade para reenviar pra mim. Quero acompanhar mesmo que não diretamente.

– Combinado! Boa noite, Theo – Celeste respondeu e ele acenou ao chegar de volta ao Fusca vinho de Philippa. Assim que entrou no carro e bateu a porta, Celeste conseguiu ouvir a voz da irmã dele dizendo algo que soou como "meu zangadinho cuti-cuti mais lindo" e Theo resmungou algo em resposta.

Celeste subiu as escadas com calma, pensando em tudo o que tinha acontecido no dia e com um sorriso no rosto em saber que seu melhor amigo também compartilhava seu amor pelo seriado. Ela sabia que Theo tinha outros interesses, mas saber que eles gostavam de uma coisa em comum a fez sentir que não estavam a milhas de distância.

Ao chegar ao seu andar, Celeste tomou a decisão de que precisava contar para a mãe sobre a bolsa de estudos. Assim que entregassem o pedido para a direção na segunda-feira, eles com certeza entrariam em contato com ela. Ela não queria que a mãe soubesse por eles. Essa briga, essa história era dela e era ela quem iria contar.

O chaveiro em formato de raposa de pelúcia – animal favorito de Celeste – impediu que seu molho de chaves fizesse barulho na porta. E isso a permitiu ouvir que sua mãe estava ao telefone no quarto, sem alertá-la de sua chegada. A luz do abajur da sala estava acesa, algo que tanto Celeste quanto sua mãe sempre faziam quando a outra não chegava da rua.

Única

Celeste entrou e trancou a porta, mas deixou a chave na fechadura. Depois de pousar a mochila no chão, ela seguiu devagar até a porta entreaberta do quarto da mãe, tomando cuidado para não fazer barulho e para sua sombra não aparecer no vão do corredor. De dentro do quarto, o suave aroma de lavanda e capim-limão tomou conta do ambiente, emanando de um difusor em cima da cômoda.

Mais uma vez, Sueli conversava com a amiga no viva-voz do celular enquanto fazia uma segunda tarefa. Pelo som dos vidrinhos, a mãe deve estar organizando os óleos essenciais que vende, separando os pedidos para serem enviados nos próximos dias. Sua mãe passou a utilizar os óleos logo depois do divórcio, tanto para acalmar a ansiedade quanto em momentos de autocuidado, basicamente o único que se permitia ter. Celeste tinha os seus preferidos, que são limão, tangerina e gengibre, cada um com suas propriedades e que a ajudavam a focar nos estudos ou a relaxar. Então, sua mãe – fã de lavanda e eucalipto – passou a utilizá-los e a comercializá-los também. Uma renda extra que ajudava nas despesas e ainda deixava a casa perfumada e os humores equilibrados.

O interessante é que o olfato é algo que sempre foi muito desenvolvido em Celeste. Ela não é extremamente sensível a odores no sentido de que não a incomodam. Mas ela é muito suscetível a eles, identificando pessoas com alguns e momentos e lembranças com outros. Ao sentir o cheirinho vindo de dentro do quarto da mãe, Celeste pensa que o identifica com estar em casa, segura. Será que isso seria mais uma questão de sua peculiaridade ou simplesmente como o olfato funciona para todo mundo?

– Celeste deve estar chegando. Mandou mensagem mais cedo dizendo que ia estudar e jantar na casa de um coleguinha para fazer um trabalho de grupo.

– Pera aí. Jantar e trabalho de grupo na casa de alguém? Que maravilha, Su! Ela está se dando bem com amigos agora!

98

Capítulo 14

– Estou tão feliz! Alguma coisa tinha que dar certo, né? Acho que agora ela faz amizades, Nane. Ela está com um grupo muito legal. Conheci o pai de uma das meninas na escola e ele me pareceu daqueles que é presente, sabe? Estou esperando-a chegar.

– E você, como está?

– Como sempre: exausta. Eu tentei ligar pro Arnaldo hoje de novo. Quem atendeu foi uma mulher.

– Ah, mentira! Mas que cafajeste!

– Estamos divorciados há anos. Ele tem mais é que seguir o caminho dele mesmo. Mas me deu uma vontade enorme de falar para ela "corre que é cilada!".

– Ela não ia acreditar, amiga. Assim como você não acreditava no início, lembra?

– Verdade. Eu só... quando vi aquele pai na escola aquele dia. Esqueci o nome dele. Ele era tão legal, tão presente. Eu queria isso pra Celeste, sabe? Alguém com quem ela possa contar, que vai estar lá pra ela.

– Nós estamos lá. Sua mãe está lá. E, pelo visto, agora ela tem amigos que estão lá também. Ela já tem 16 anos, Su. Ela está se tornando uma jovem mulher incrível e não precisa do safado do seu ex-marido para causar qualquer dano. Ela é maravilhosa. Se uma coisa que ele fez direito na vida foi ter lhe dado essa menina.

– Isso é verdade – Celeste ouviu sua mãe responder, a voz embargada. – Só que, às vezes, eu acho que piorei as coisas com o divórcio. Será que se estivéssemos juntos ela não estaria melhor? Ela quase não sorri, Nane. Ela é tão fechada...

– É o jeitinho dela, Su. Não é culpa de ninguém e não é um defeito. O que é mesmo que sua mãe diz? Gente que tem riso solto tem caráter frouxo?

Com isso as duas dão risadas gostosas, mas Celeste não ri. Ela volta pé ante pé até a entrada do apartamento e coloca a mochila sobre o ombro novamente. Tanta coisa aconteceu em um só dia, tanta coisa que abalou as estruturas mais firmes que faziam Celeste quem ela era. "Era", no passado, porque isso já mudou. Tudo o que ela queria era conversar com a mãe, contar sobre as descobertas, sobre seu desejo de obter um diagnóstico para entender quem ela é, tudo o que ela é. Mas, ao ouvir a conversa, ela decidiu não contar nada além da questão da bolsa. Porque ela sabia que sua mãe, de alguma forma, iria achar que Celeste precisar de um diagnóstico queria dizer que tem algo de errado com ela. E se tem algo de errado com ela, é culpa sua, do divórcio, de não ser uma boa mãe, de não ser capaz de dar uma família completa para ela. Mas, lá no fundo, Celeste sabe que nada disso é culpa da sua mãe. Não existe culpa porque não existe nada de errado.

Depois de tomar sua decisão, ela mexeu ruidosamente na porta, alto o suficiente para que sua mãe a ouvisse chegando. Ela passou pelo quarto da mãe e acenou para dentro.

– Vou tomar um banho, tá? – Celeste disse para a mãe e seguiu para o quarto.

Ela deixou a mochila em cima da mesa e começou a tirar o que precisava de dentro dela: o celular e os fones de ouvido. Por alguns segundos, pensou sobre eles. Foi a primeira vez em muito tempo que ela não precisou se isolar sonoramente. Mesmo quando estavam todos falando ao mesmo tempo na cozinha da casa do Cadu, Celeste não se sentiu deslocada ou oprimida pela cacofonia de sons. Ela integrava aquilo e encontrou conforto nas vozes dos colegas. Na pesquisa que vinha fazendo com Theo, ela descobriu que a sua resposta a barulhos súbitos poderia ser relacionada ao autismo. Ela sempre teve problema com eles e passou a usar fones antes mesmo de entender a razão. Foi uma descoberta meio que por acaso e que, depois, procurando na internet, descobriu que era uma saída que muitos autistas usavam. Theodoro responde

Capítulo 14

de forma diferente a barulho, embora também tenha questões com os súbitos. Seu fone não é exatamente novo, mas ainda funciona para o que ela precisa. E é uma segurança para ela em um mar de incertezas.

Então, depois do banho tomado, ela colocou o celular na tomada e acionou o aplicativo para assistir à sua série. Buscou pelo episódio específico em que Malva – a namorada de Reid – foi sequestrada e ele não consegue lidar com isso.

"Eu tenho vasto conhecimento que deveria estar aplicando a este caso. Mas agora não consigo me concentrar por mais de 4 segundos, o que me torna a pessoa mais ineficaz da sala" – ele diz e o coração de Celeste sempre se quebra nessa parte.

Celeste não lidava muito bem com subtexto e traquejos sociais como sarcasmo e ironia. Mas ao assistir à sua série, ao ver o mundo pelo ponto de vista do personagem, ela consegue entender um pouco mais. Ao ver o coração dele se quebrar por não poder usar o que lhe é nato – sua inteligência –, Celeste sentiu os olhos arderem. Ela se sentiu exatamente assim hoje, quando Theodoro mencionou o diagnóstico. Ela, que sempre teve informações na ponta da língua, fossem elas fatos ou dados triviais, ficou sem ação, sem resposta e, como Reid, se sentiu como a pessoa menos eficaz na sala, sem propósito ou lugar. Esse impasse entre se sentir exposta por tudo o que Theo falou ou amparada por como os colegas receberam a informação de ele ser autista a deixava ainda mais abalada. Ela não gostava de não saber como se sentir.

Ao enxugar os olhos marejados, Celeste viu uma notificação em cima da cena a que estava assistindo:

Você foi adicionada ao Grupo Tea no Ensino.

A foto do grupo era uma xícara de chá. Celeste sorriu ao ver a imagem e se lembrar da empolgação de Gabi ao falar sobre a correlação da sigla com a palavra "chá" em inglês.

Única

Gabi: Oiê! Grupo criado e pronto para conquistar aquele 10!

Cadu: Quesito perfeição, NOTA DEZ!

Malu: Aff, ninguém merece você imitando os jurados de escolas de samba, Cadu!

Cadu: Mas você entendeu a referência! Hahahahah!

Theodoro: Vou silenciar o grupo para sempre. Mas vou ficar de olho esporadicamente.

Gabi: Nossa, obrigada por avisar que vai nos ignorar. Muita gentileza da sua parte.

Theodoro: Não vou ignorar. Só não consigo ouvir o celular apitando de 2 em 2 segundos.

Gabi: Tipo.

Gabi: Isso.

Gabi: ?

Malu: Gabi, eu vou aí na sua casa arrancar o celular da sua mão!

Gabi: *Manda um *gif* de uma atriz famosa rindo.*

Celeste leu a troca de mensagens e sorriu para a tela. Da mesma forma que a preocupação de Reid quebrou seu coração naquele episódio, no fim do mesmo tem um trecho do autor Thomas Martin que, embora Celeste soubesse o que significava no contexto da série, nunca tinha feito muito sentido para ela fora da tela. Mas hoje, depois de tudo o que viveu, depois de ouvir a conversa da mãe ao telefone e de se sentir incluída em um grupo formado por alunos muito inteligentes, como ela, mas muito diferentes dela em todos os outros sentidos, Celeste achou que começou a entender como se sentia. Porque

Capítulo 14

não se tratava apenas de Reid e Malva no episódio, mas, para ela, também envolvia todos os amigos dele, todos os demais personagens que formavam a equipe do FBI que ajudava a solucionar casos em *Arquivos Criminosos*.

O amor é o nosso verdadeiro destino. Não encontramos o sentido da vida sozinhos. Nós o encontramos com o outro.

No sábado, depois de nadar, Celeste geralmente ficava em casa vendo TV, fazendo deveres ou ia até a casa da avó. Mas hoje, antes de qualquer coisa, ela tinha uma missão: precisava contar para a mãe sobre os planos para a bolsa.

Então, deixou a natação para mais tarde e começou com a comida. Foi até a padaria para buscar pães quentinhos e passou o café antes de a mãe acordar. O cheirinho de pão quente e café fresco levou um sorriso satisfeito para os lábios de Celeste, algo que ela viu espelhado no rosto ainda sonolento da mãe quando ela chegou à cozinha.

– Céu, que delícia! – a mãe comentou, sorrindo ao lembrar do apelido que a avó havia dado e a irmã de Theo adotado na noite anterior.

– Acho que o café ficou muito forte, mas como a gente toma com leite, deve estar bom – Celeste comentou, já sentada à mesa.

– Nossa, que coisa boa acordar fim de semana com esse café da manhã. Qual a ocasião? – A mãe perguntou, e Celeste aproveitou a deixa e, como sempre, foi direto ao assunto.

– Na segunda-feira, vamos entrar com um pedido de bolsa de estudos na direção do Colégio Santa Inês. Eles não têm uma política de bolsas de estudos, o que é um grande absurdo. Como o Projeto, aquele que eu te expliquei antes, começa agora e é uma enorme parte da nossa nota, um dos pedidos que faremos é: se o nosso grupo tirar nota máxima em todas as matérias, eu ganho uma bolsa de estudos até o fim do Ensino Médio. Acho que Malu encontrou algo nas regras da escola que possibilita esse pedido. Claro que precisarei manter minhas notas, o que não é um problema pra mim, você sabe.

Celeste despejou tudo o que precisava falar sobre o assunto antes mesmo de sua mãe conseguir dar o primeiro gole no café.

– Eu achei que seria importante você saber disso antes da segunda-feira, porque o colégio pode ligar pra você – Celeste completou e deu uma mordida no seu pãozinho com manteiga.

Celeste se ocupou em comer enquanto notava sua mãe – que piscou várias vezes, tentando assimilar a quantidade de informações – pousar a caneca de volta na mesa, sem ter dado um gole.

– E foi essa a razão do café da manhã? – ela perguntou.

– Não. Eu estava com fome e mal temos nos visto nesta semana. Achei que seria legal começar o fim de semana assim – Celeste respondeu e deu um gole no seu café com leite em sua caneca de raposinha.

– Meu bem, você ouviu-me conversar ao telefone sobre a possibilidade da bolsa? – sua mãe perguntou, seus olhos brilhando e sua voz levemente embargada.

– Ouvi, mãe. Mas acho que estou certa em pedir a bolsa. Se temos alguma questão de pagamento de mensalidade e eu tenho notas tão excelentes, por que não poderia aplicar para uma? E... – era o momento de Celeste mencionar "e eu tenho pesquisado sobre todas as minhas peculiaridades e, mesmo que nenhum médico ou professor as tenha notado, porque eu sou saudável e tenho ótimas notas, eu quero saber quem eu sou, porque sei que tem alguma parte de mim que não tem nome e que eu preciso nomear". Mas ela não conseguiu, então completou com "e é isso".

Ela podia ver a ponta do nariz da mãe ficando vermelha. Ela ia chorar e Celeste não conseguia lidar com o fato de ter deixado a mãe triste. Mas ela também era péssima mentirosa, então a saída era falar o suficiente para não ter outras perguntas feitas.

– E eu acho que outros alunos poderiam se beneficiar de bolsas de estudo. Não somente alunos que estão na escola com possibilidade de se destacar na universidade, mas com dificuldades financeiras, como eu, mas outros, que talvez nem tenham tido a oportunidade de estudar em um colégio como o Santa Inês. Então, na verdade, estamos dando o primeiro passo comigo, mas abrindo um caminho para outras pessoas.

Pronto. Ela não mentiu. Só omitiu algumas coisas.

Sua mãe levantou a caneca até os lábios, tomou um gole do café e pousou a outra mão, que ainda segurava um pãozinho, na mesa.

– E os seus amigos concordaram em só você ganhar a bolsa? Não é muito justo só uma em um grupo ganhar, né? O que eles falaram quando você contou que precisava de uma? – a mãe comentou e Celeste franziu o cenho. Ela não tinha sequer questionado os amigos sobre isso.

– Ninguém questionou isso. Nenhum deles precisa de uma bolsa também, mas acho que estão felizes em me ajudar. Malu gosta de irritar a direção e ela tem razão 99% das vezes em fazer isso. Cadu e Gabi só querem provar para si e para os outros que conseguem a nota máxima. E Theo... – Como explicar todas as similaridades e diferenças entre eles? – Acho que o Theo gostou do desafio. E só quer ajudar e abordar o tema mesmo. Ele tem notas tão excelentes quanto eu.

– E qual é o tema?

Celeste tomou um longo gole de café com leite enquanto pensava em como responder à mãe sem estressá-la ainda mais.

– Qual é o tema? É sobre neurodivergência. Vamos abordar o que é neurodivergência e seus vários aspectos em todas as matérias e no ensino. É difícil ter um tema que funcione em todas as matérias, mas conseguimos esse com a ajuda dos pais do Cadu. Vamos começar as pesquisas na segunda.

– No mesmo dia em que você vai entregar o pedido da bolsa. E os pais do Cadu são legais? O que eles fazem?

– A mãe dele é médica. O pai dele eu acho que é psicólogo, mas eu não tenho certeza. Ele faz boas perguntas e ouve

Capítulo 15

muito bem quando nós respondemos. Não interrompe, sabe? Eu gostei muito deles.

Celeste escolheu não contar para a mãe como tinha observado o carinho que os pais tinham por Cadu. Como o pai tratou a mãe dele com respeito quando chegou em casa, como os dois abraçaram e beijaram o filho na frente dos outros, como os dois ouviram quando todos os cinco falaram, às vezes ao mesmo tempo. Sueli sempre foi assim com Celeste: sem pressa em obter respostas da filha e sempre buscando seu olhar quando dava bronca ou demonstrava carinho. Ela era tão amorosa quanto os pais de Cadu eram com ele. E, embora a falta de ter um pai fosse latente no fundo do coração de Celeste, a falta do pai dela não era. Ela não queria alguém do seu lado que não queria estar ali. Mas ele não querer estar ainda doía bastante.

— Que bom, minha filha. E o café ficou bom, viu? Não ficou forte — Sueli falou e Celeste sorriu suavemente antes de dar outra mordida no seu pão.

— Meu bem, acho que vocês devem ter tudo pensado e planejado, mas eu quero ir com vocês à escola para solicitar a bolsa. Não acho certo vocês arcarem com essa responsabilidade quando ela é minha, a de prover para você e...

— Não é só sua — Celeste disse simplesmente, interrompendo a mãe, que, mais uma vez, ia tomar para si toda a responsabilidade de ter tido Celeste. Ela viu a mãe engolir em seco novamente, tomando fôlego para continuar a conversa sem chorar.

— Eu sei disso. Mas ainda assim quero ir.

— Tudo bem. Na segunda, podemos ir juntas na *van* do Sr. Maurício. Mas precisamos avisar a ele que você também vai. Ele pode ter passageiros contados. E assim que Malu mandar a versão final do pedido eu passo pra você.

E seguiram o café da manhã com conversas mais amenas sobre o que iriam fazer no fim de semana. Combinaram de assistirem a filmes na TV à noite e de irem visitar a avó no domingo. Celeste notou uma certa inquietação na mãe e apostava que, assim que saísse para nadar, ela iria ligar para contar tudo para Regiane.

Depois do café, Celeste lavou a louça e trocou a roupa para ir nadar. Como comeu um pouquinho mais do que o normal antes da natação, resolveu ir nadar um pouco mais tarde. Se fosse diretamente depois do café, na primeira volta na piscina sentiria uma dor terrível no estômago. Por isso que sempre tomava um café mais leve antes do treino e comia novamente algo depois.

Então, enquanto Celeste esperava um pouco a digestão, resolveu verificar o grupo de mensagens. Como esperado, inúmeras de Gabi, *gifs* de Cadu, broncas de Malu e uma ou outra de Theo. Então resolveu tirar a dúvida que a mãe instalara na sua cabeça durante o café da manhã.

> Celeste: Vocês não se importam que só eu ganhe a bolsa? Não acham injusto?

> Malu: Injusto é você nunca ter tido ou qualquer outro aluno que precisasse da bolsa.

> Cadu: Acho que algo pode começar com você, Celeste, e aí abrir para outras pessoas. Eu quero fazer parte disso.

> Gabi: Eu também!

Celeste suspirou um pouco mais aliviada. Essa resposta deles e a conversa com a mãe tinham acalmado algumas de suas incertezas, mas a maior delas seguia forte, e só uma pessoa poderia ajudá-la. Chega de só pesquisar.

> Celeste (para Theo): Posso te ligar?

> Theo (para Celeste): Me dá 5 minutos. Estou terminando um código aqui.

Capítulo 15

Cinco minutos contados no relógio e Celeste ligou para Theodoro, que atendeu no primeiro toque.

– Desculpe, sei que você não gosta de falar ao telefone.

– Nem você. O que foi? – ele perguntou e Celeste conseguia ouvir ainda o tec-tec-tec dos dedos dele no teclado.

– Theo, sei que a gente já falou sobre isso antes, mas... você poderia me contar novamente sobre o seu diagnóstico, por favor?

Celeste ouviu Theo suspirar no telefone e o som do teclado cessar. Talvez, se fosse outra pessoa, ele poderia reclamar, mas sabia que esse assunto era algo que tinham em comum e era algo que ela queria saber mais e ele gostava de mencionar. Theo não tinha problema algum em falar sobre seu autismo, muito pelo contrário.

– Por onde você quer que eu comece, Céu? – a voz de Theo soou tranquila do outro lado da linha, como quem está prestes a contar uma história para outra pessoa, uma história conhecida.

– Do começo – ela respondeu e ouviu o barulho dele se recostando em almofadas e fez o mesmo.

– Bom, quando meus pais me adotaram, eles não sabiam que existia uma possibilidade de eu ser autista. Eu era um bebê e, como estou em um nível baixo do espectro, demorou um tempo até eles notarem que o que eu era não era só, nas palavras da sua avó, peculiar. Foram anos até que deram a sorte de uma amiga da minha mãe ter a filha autista e identificar algumas características em mim. Ela tocou no assunto com minha mãe e começaram a busca pelo diagnóstico.

Essa era a versão resumida, Celeste sabia. Antes de abrir sua pesquisa – e suas questões – com Theodoro, ela tinha visto inúmeros artigos sobre como era difícil diagnosticar jovens e adultos no espectro autista, principalmente os do gênero feminino, já que meninas aprendem a mascarar vários sintomas desde cedo, algo que meninos geralmente não fazem. Quando começaram a pesquisar juntos, Theo contou o que sabia a respeito e eles têm conversado sobre o assunto desde então.

– Eu lembro que meu pai queria fazer o mapeamento genético, que não só é muito raro, mas também muito caro e nem é algo que faz parte por completo do diagnóstico por ser tão recente. Acho que ele queria lidar com a questão logo e um teste com um resultado estampado não deixava margem para erro, para dúvida. Mas o autismo é amplo e diverso e não tem como ser diagnosticado dessa forma somente. Então passar por todo o processo foi difícil.

Celeste ouviu e se lembrou de como ela e Theo trocaram informações sobre as próprias experiências e como cada autista é único, o que acaba sendo uma coisa boa e ruim simultaneamente. Boa porque ajuda a não estigmatizar, mas ruim porque é difícil diagnosticar. Eles tinham visto o quanto é um processo longo, caro e multidisciplinar.

– Já conversamos sobre tudo isso antes, Céu. Por que a vontade de voltar a isso agora? – Theodoro perguntou.

– Porque eu acho que podemos usar tudo isso no nosso Projeto – Celeste respondeu. – E porque eu preciso falar sobre isso com minha mãe. Mas se para você foi difícil conseguir médicos que o diagnosticassem como autista por ser nível 1 e pela idade que tinha, eu acho que não vou ter nem chance.

– Já pensou em falar com os pais do Cadu sobre isso? Eles pareceram bem interessados naquele dia que criamos o tema do Projeto. De repente, eles estariam abertos a ajudar. – Theo sugeriu e uma lâmpada pareceu se acender na mente de Celeste.

– Seria ótimo. Mas preciso falar com ela primeiro. Não quero falar com os pais dele sem a minha mãe saber antes.

– Justo. Se quiser apoio, é só me falar.

– Obrigada, Theo. Por tudo – Celeste respondeu porque parecia que precisava ser dito. Sua avó dizia que nem sempre

Capítulo 15

o óbvio precisava ser dito, mas às vezes isso era importante. Celeste passou alguns anos descobrindo quando falar e quando permanecer calada, mas acreditava ter melhorado bastante nesse sentido. E isso, esse agradecimento por esse coleguismo, essa cumplicidade, era importante ser mencionado.

Eles desligaram e Celeste voltou a se arrumar para finalmente ir nadar.

Ao amanhecer, Celeste geralmente tem a piscina toda para si, pois outras pessoas costumam usá-la mais tarde durante os finais de semana e principalmente durante os meses mais quentes do ano. E muitos acabam preferindo pegar conduções diferentes e mudar de cenário para usufruir da beleza natural do Rio de Janeiro: as praias. Mas Celeste prefere a piscina do prédio próximo a toda aquela gente na areia, ondas, surfistas... são muitas possibilidades para atacar sua ansiedade.

Então Celeste segue nadando na piscina com a borda quebrada, perto de casa. Como não chegou cedinho, outros barulhos a cercam: televisões ligadas, pessoas conversando com outras, música, risadas de crianças. Ela reconhece apenas a voz de Inácio ao falar com o filho Rodrigo e abre um sorriso: seu amigo está em casa. Fora isso, todos os demais sons poderiam deixá-la ansiosa, mas ela não nota. O foco dela está na piscina. De longe, o cheirinho do churrasco que já começa a ser feito no quintal de alguém, para dar tempo de ser devorado na hora do almoço, já está no ar, mas o único aroma que toma conta dos sentidos de Celeste é o do cloro.

Seus pertences estavam encostados em uma cadeira perto da pilastra, seu corpo já estava aquecido, sua touca verde-água já protegia seus cabelos curtos e seus óculos já estavam posicionados quando seu corpo caiu na água. Era sempre uma mistura de choque e prazer ao ser abraçada pelo elemento. O silêncio do fundo da piscina a recebia e o bater de braços e pernas começava.

Ela sabia nadar as modalidades peito, costas e borboleta, mas sua favorita sempre fora o *crawl*. Celeste tinha uma opinião bem definida sobre cada modalidade: para ela, nado de peito era algo que parecia fácil demais. O nado borboleta era espalhafatoso e fazia muito barulho, e o de costas era o que Celeste menos desgostava. Mas o *crawl* era o seu favorito. Era como ela: objetivo, focado, sem firulas.

Enquanto nadava, Celeste se esquecia do mundo ao seu redor. Era um alento poder só focar nos movimentos e na respiração, sem se preocupar com o que falar, como olhar ou não para alguém, como se portar. Nada disso importava na natação. Os braços só precisavam carregá-la para a frente, as pernas só tinham que impulsioná-la e a respiração ser o único foco.

Ao virar a cabeça para respirar, era normal ela avistar de soslaio alguém entrando ou saindo do prédio, dando um aceno e gritando um "oi, Celeste!" ou se arrumando para também entrar na piscina ou pegar um sol no pátio. Mas, dessa vez, ela notou que ainda tinha alguém sentado do lado de fora da piscina, olhando para ela.

Um truque que aprendera a usar para evitar ser tomada pela ansiedade enquanto nadava era contar os ladrilhos do fundo da piscina. A contagem a ajudava a realmente focar no nado e não deixar a mente engrenar na ansiedade. Mas, quando Celeste se deu conta de quem poderia estar do lado de fora da piscina, perdeu a conta e as batidas do seu peito aceleraram ainda mais. E não, não tinha nada a ver com ansiedade.

Então, ela voltou à superfície, tocou a borda e se apoiou, sem sair da piscina. Tirou os óculos e fixou os olhos castanhos por cima da borda na pessoa que a encarava. Lá estava ele: Bernardo. Depois de tantas trocas rápidas de "oi" e "e aí?" somente, finalmente eles iriam ter uma conversa! Ele estava sentado, todo lindo e com um sorriso aberto nos lábios.

– Você é incrível – foi a primeira coisa que ele disse. Celeste estava recuperando o fôlego e não conseguiu dizer nada, nem mesmo agradecer o elogio. Então ficou ali, esbaforida, tentando controlar a respiração enquanto olhava para o menino, que permaneceu onde estava. A única coisa que conseguiu fazer foi sorrir de volta para ele.

– Incrível! Eu nunca vi um tempo como o seu e um rendimento assim. É normal pra você? – ele perguntou, ainda sentado onde estava.

– Defina "normal" – Celeste conseguiu responder e ele sorriu, baixando a cabeça e passando as mãos pelo cabelo curto e cacheado, um tom mais claro do que o de Celeste.

– Tá certa – ele sussurrou e voltou a olhar para ela. – O seu rendimento de hoje é algo que só foi atingido hoje, é o começo de um treino para você ou você chega a esse tempo em todo treino?

– Que tempo? Eu não marquei – Celeste perguntou e viu Bernardo se levantar com um relógio na mão. Ele apontou para ela, silenciosamente pedindo permissão para se aproximar. Ela se apoiou na borda e indicou que tudo bem ele chegar mais perto. Então ele veio e mostrou o relógio para ela. Ele vestia uma camiseta branca, uma bermuda e chinelos. Celeste olhou para o relógio e voltou a encarar o rapaz.

– Esse é o meu tempo padrão – ela respondeu honestamente e ele abriu um sorriso enorme e voltou a olhar para o relógio.

– E tem alguma razão para você não competir? Porque você é absurdamente incrível! Eu já disse isso, né?

Celeste não conseguiu conter o sorriso ao notar o entusiasmo dele e sentiu-se feliz com o elogio que lhe rendia. Mas logo o sorriso sumiu quando ela se lembrou da pergunta que ele fez. Bem, ele precisava de uma resposta, mas ela sabia que ele não ia gostar. Será que ele iria zoá-la, fazer pouco caso do que ela ia dizer? Seu peito apertou um pouquinho ao pensar nisso.

– Não gosto do barulho – pronto! Celeste falou e ficou aguardando a reação do menino. No lugar de dizer algo como

Capítulo 16

"ah, fala sério" e desmerecer o posicionamento dela, ele franziu o cenho e perguntou:

– Que barulho? De outros nadadores ou da torcida?

– Torcida.

– Ah, o barulho de pessoas berrando o quão magnífica você é? Compreensível. Isso é capaz de fazer seu ego pesar e você afundar.

Celeste ficou encarando-o, sem entender o sarcasmo em sua voz. Demorou 2 segundos para ele entender que ela não tinha entendido sua intenção.

– Desculpa. Eu sou péssimo em piadas e essa foi horrível – ele disse e se sentou num banco mais perto dela. – Eu entendo que a pressão da torcida pode ser um fator muito bom, mas também muito ruim.

Celeste só balançou a cabeça concordando.

– Ah, tô vendo que você finalmente conheceu o Bernardo! – disse Rodrigo, filho de Inácio. Rodrigo empurrou a ponta de cada pé contra o calcanhar do pé oposto para tirar os calçados, tirou a camiseta, arremessando-a na cara do menino que conversava com Celeste, correu e pulou na piscina por cima da cabeça da garota, que já estava acostumada com as peripécias do amigo.

Ele voltou à superfície com um pulo, levantando os braços por cima da cabeça, como se fosse um atleta de nado sincronizado, o que só fez os dois colegas rirem dos gestos exagerados. Então, nadou até onde Celeste estava e apoiou-se na borda ao lado dela, também olhando para o amigo.

– Prazer – disse Bernardo para Celeste.

– O Bê joga bola com a galera na praia no sábado. E, aparentemente, também nada feito um peixe, igual a você, Céu. Ele estava enchendo a minha paciência para saber quando que ia rolar de vocês nadarem juntos e tal.

– Cala a boca, Rodrigo – Bernardo falou baixinho e voltou sua atenção para Celeste – Eu já te vi por aqui antes, mas não durante tanto tempo. – Bernardo perguntou e sabia que ia ouvir um monte de Rodrigo depois que Celeste saísse.

– Eu nado de madrugada todo dia – Celeste respondeu.

– É bizarro! Cara, eu acordo muito cedo pra ir pra escola e ela já veio e já voltou pra casa. Mas também tu mora perto, né, Céu? Não é igual ao engomadinho aqui que só dá o ar da graça quando vem visitar a avó – Rodrigo disse e espirrou água em Bernardo, que só abriu um sorriso. Um sorriso lindo.

– É, eu moro mais longe daqui. E estudo mais longe ainda. O que estou começando a achar que é uma pena – ele acrescentou a última parte mais baixinho.

– Ah, é. Porque você trocaria o bairro chique por morar longe pacas, que nem a gente, só porque minha amiga é gata. – Rodrigo disse ao começar a boiar de costas, olhos pretos fechados.

– E hoje não teve futebol na praia? É sábado – Celeste respondeu ao começar a sair da piscina. Bernardo automaticamente se levantou e pegou a toalha para ela, seus olhos fixos nos de Celeste. Eles se arregalaram suavemente quando ela puxou a touca e passou as mãos pelos cabelos curtos. Se tivesse prestado atenção, Celeste teria notado o rubor no rosto de Bernardo quando ela fez isso e ouvido um "uau" bem baixinho, mas estava se enrolando na toalha e sacudindo um pouquinho de água que entrou em um dos seus ouvidos.

– Perdeu a língua, Bê? Responde à garota? – Rodrigo disse com tom de zoação na voz. Ele ainda boiava de costas, a pele bronzeada de sol reluzindo, os olhos pretos fechados e um sorriso no rosto.

– Hein? Ah, é, não teve. Quer dizer, não sei. Eu vim visitar a minha avó, então não sei – Bernardo falou e Celeste notou o rubor se intensificar.

– A avó dele mora na rua de cima. Tá sentindo o cheiro do churrasco? É de lá que está vindo. Mas Bernardo é engomadinho,

Capítulo 16

Céu. Acho que ele estuda perto de você, aliás. Tem até piscina na escola dele.

– Ah, para de *show* que tu não é a Xuxa, Rodrigo! – Bernardo exclamou, mas estava rindo. E sim, seu rosto já estava igual a um grande tomate.

– Nossa, eu adoraria que minha escola tivesse piscina – Celeste comentou ao começar a se vestir.

– Nem fala. Queria que a minha escola, e outras iguais à minha, tivesse metade do que as de vocês têm.

Sim, Rodrigo tinha razão. Celeste, por mais que estivesse correndo atrás de uma bolsa para resolver a sua situação específica, sabia muito bem do privilégio que tinha em estudar em uma escola como a dela. E sabia como um direito básico – o direito à educação – não deveria nunca ser considerado um privilégio. Ele precisava ser exatamente o que é: um direito de todo cidadão. Mas Celeste também sabia que a realidade era bem diferente. Sabia que os professores, a profissão que forma todas as demais profissões, deveriam ser muito mais valorizados não só em uma escola, mas em qualquer instituição de ensino do país.

Celeste sabia o quanto eles trabalhavam duro para manter os alunos motivados, engajados em horas de ensino, muitas vezes sem todos os recursos que gostariam de ter. Ela sabia que ensinar não é só um trabalho, é uma vocação e um ato de amor, de doação. Rodrigo já contou várias histórias engraçadas e emocionantes que envolveram seus colegas e professores. Entre elas, a da irmã de um colega de classe de Rodrigo que passou em primeiro lugar no vestibular para Direito e dedicou a conquista a uma professora do Ensino Médio. Uma das professoras de Rodrigo até contou que foi atendida no posto médico por uma ex-aluna. Imagina: você precisa de uma médica e uma ex-aluna é a profissional de saúde que vai ajudá-la! Deve ser muito emocionante! Celeste sorriu ao lembrar dessas histórias.

Bernardo balançou a cabeça concordando com Rodrigo: sim, ele sabia do privilégio que tinha. Embora uma parte de sua família já tivesse nascido herdando uma situação econômica confortável e a outra tivesse que ter trabalhado o dobro para chegar aonde chegou hoje, ele tinha inúmeros privilégios, começando com a pele clara. Quando ouvira a palavra "privilégio" pela primeira vez sendo direcionada a ele, ficou muito zangado. Ele sabia o quanto os pais trabalharam duro para que ele e seus irmãos tivessem todas as oportunidades de que usufruíam. Sabia o quanto seus avós tiveram que penar para conseguir que os filhos pudessem cursar uma faculdade e, em suas palavras, "crescer na vida". Então, quando falaram pela primeira vez que Bernardo era privilegiado, ele achou que estavam considerando que todo esse trabalho tivesse sido fácil! Mas, ao se informar, ao conversar a respeito com Rodrigo e com a família, ele entendeu que sim, ele tem inúmeros privilégios sendo um menino, sendo branco, vivendo em uma área bem localizada na cidade e não precisando se preocupar com nada além de estudar... e ele faz isso em uma escola com a melhor estrutura possível.

Celeste fez uma nota mental de incluir isso no Projeto: como jovens de outras classes sociais, de outras raças teriam sua neurodivergência diagnosticada, já que a referência para o diagnóstico de autismo, por exemplo, fora criada com base em meninos brancos?

– Bom, foi um prazer te conhecer oficialmente, Celeste. Espero que a gente se veja mais vezes – Bernardo falou finalmente, com o rubor voltando ao rosto.

– Ah, fica mais um pouco, Céu. Eu ainda tenho que zoar mais o Bê por ter ficado caidinho por você – Rodrigo disse ao nadar até a borda novamente, empurrar os braços contra ela e se impulsionar para fora da piscina.

"Meu Deus, cala a boca, Rodrigo" – Bernardo falou em um sussurro meio desesperado, o que fez o amigo gargalhar e

Capítulo 16

fugir de volta para dentro da piscina, com um sonoro *splash*.

    Celeste, já vestida, ocupou-se em esfregar a toalha nos próprios cabelos curtos, ao mesmo tempo em que enfiava os chinelos nos pés. Ao ver o sorriso de Bernardo, Celeste ficou tentada a ficar mais um pouquinho, mas não, ela tinha que focar no assunto mais importante, que era conversar com sua mãe. Então gritou um "tchau, Rodrigo" para o colega, que acenou de volta, e depois acenou sem graça para Bernardo antes de começar a andar para o portão.

    Enquanto andava, ouviu a voz de Rodrigo direcionada a Bernardo dizer: "tu vai ficar aí em pé sonhando com ela ou vem nadar?". Pelo tom, ele parecia estar rindo. Celeste não ouviu a resposta de Bernardo, mas ele disse algo que fez Rodrigo rir e depois ouviu outro *splash*.

    Bernardo tinha olhos castanhos como os dela, que ficaram esverdeados por causa da luz que refletiu da piscina. Seus cabelos, assim como os dela, também eram castanhos, mas um tom mais claro, cacheado. Seu sorriso era uma mistura de simpatia e timidez que o tornavam adorável. Ela mal podia esperar para voltar a encontrá-lo de novo. Teria que mandar uma mensagem para Rodrigo para marcarem e sem dúvida ela seria motivo de muita zoação pelo amigo. Mas Celeste não se importava nem um pouco com isso.

Sueli trabalhava muito a semana toda e não de um jeito padrão para qualquer adulto. Volta e meia ela comparava o emprego com um moedor de carnes, um tanque de guerra, um rolo compressor. Ela não tinha um cargo alto na empresa e nem queria um. O que Sueli adoraria fazer é trabalhar em um lugar menos tóxico. Ganhar um pouco mais também ajudaria muito a sua vida com a filha, mas é uma ambição tranquila e isso nunca a incomodou.

Viajar é algo que Sueli gostaria de fazer. Agora, com Celeste mais crescida, ela acreditava que conseguiria viajar. Mas quando ela estava crescendo, ir para lugares diferentes era sempre um problema. Celeste nunca dormiu fora de casa ou da casa da avó porque tinha um pouco de dificuldade em entender onde estava. Uma vez, tentou dormir na casa de uma amiguinha, mas acordou de madrugada para ir ao banheiro e não entendeu onde estava. Sueli precisou buscá-la de madrugada, rosto queimando de vergonha dos pais da garotinha. Embora eles tivessem entendido o ocorrido, afinal era normal sentir medo ao dormir fora de casa quando se é pequeno, Sueli nunca tentou novamente. A reação poderia ser um exagero, mas dada a discussão que tivera com o marido na época por ter que sair à noite para buscar a filha, Sueli evitou que isso se repetisse. E, depois que ele foi embora, Celeste já não queria mais dormir fora de casa.

Sueli também só viajou com Celeste para lugares como Teresópolis, viagens diurnas com passeios que duravam apenas algumas horas, voltando para casa à noite. Mas agora ela acredita que possa começar a conversar com a filha a respeito. Ela adoraria que Celeste se soltasse mais e, talvez, esse novo grupo de amigos a ajudará nisso. Viajar seria uma ótima forma de deixar o *stress* do trabalho para trás, mesmo que por alguns dias. Isso foi algo sugerido por um de seus irmãos: talvez uma viagem para reunir a família. Nada caro, até porque não tinham dinheiro sobrando. Mas um pulo na cidade de um dos irmãos seria viável se todos dividissem as passagens de ônibus. Quem sabe?

Celeste não faz ideia de que tudo isso está passando na cabeça de sua mãe enquanto ela estava quase cochilando ao seu lado no sofá. Depois do inesperado encontro com Bernardo, as duas passaram a tarde do sábado juntas, aninhadas no sofá da sala, assistindo a séries e filmes em serviços de *streaming*. Parece algo comum, sem graça, mas para as duas era sinônimo de conforto, de estar em casa. E durante todo esse tempo Celeste ficou se perguntando como puxar o assunto sobre o diagnóstico com a mãe.

– Tão bom ver você tão relaxada, Céu – Sueli comenta e Celeste abre os olhos para olhar para a mãe. – Esse Projeto tem tirado o seu sono. Muito bom te ver sossegada assim.

Quando as colegas de trabalho comentam o que elas almejam na vida, é isso o que vem à mente de Sueli: tranquilidade. Mas não é todo mundo que entende. Sueli não quer dinheiro além do necessário para ser confortável para a filha, não quer fama nem sucesso, ela quer sossego. E sossego é não ter que se preocupar em manter um emprego que lhe corrói a alma para garantir que não falte algo para a filha. Sossego não é suar frio toda vez que o telefone toca e o número do ex-marido aparece.

Sossego é sábado preguiçoso no sofá, óleos essenciais de tangerina e capim-limão no difusor, um almoço sendo digerido sem pressa na barriga e a TV ligada com volume baixinho, só pela companhia.

– Seus amigos não planejaram nada para hoje? – a mãe pergunta e Celeste se apruma no sofá, virando o corpo para ela, uma perna dobrada embaixo de si.

– Gabi e Malu vão jogar vôlei na praia com o pai da Malu. Cadu tem alguma coisa no *videogame* dele que eu não entendi e Theo tinha códigos para fazer no computador. Ele ama isso.

– E você? Quer fazer alguma coisa especial sábado à noite? – a mãe pergunta, passando os dedos pelo cabelo curto dela.

– Não. Quero ficar aqui mesmo – Celeste fala e leva a mão esquerda à nuca, em um gesto que geralmente indica preocupação.

Os olhos atentos de Sueli seguem o movimento dela e encontram seus olhos. Esse gesto ela conhece bem e geralmente é um prelúdio a um pedido ou a uma confissão.

– Mãe, eu queria falar contigo sobre uma coisa, mas não sei exatamente como.

– Então tente da forma como tudo começa: do início – Sueli respondeu e também virou o corpo para encarar a filha.

Celeste conhecia a mãe e sabia que ela deveria estar pensando em todos os piores cenários em questão de segundos. E por isso ela também sabia que tinha que tirar logo o *band-aid* e falar de uma vez.

– Sabe como a vovó sempre me chamou de "peculiar"? – Celeste começou e viu a mãe acenar a cabeça positivamente. – Eu acho que tem outro nome para isso, mas eu preciso de ajuda médica para saber com certeza.

– Como assim ajuda médica? Você está sentindo alguma coisa, filha? – Celeste ouviu o tom de pânico na voz da mãe.

– Eu acho que sou autista, mãe.

Pronto. Ela falou. E o silêncio que seguiu essa frase era quase tangível. Celeste encarou os olhos da mãe, tentando entender tudo o que poderia estar se passando em sua cabeça. Mas o que viu foi o suficiente para quase fazê-la se arrepender: a ponta do nariz da mãe ficou vermelha e os olhos brilharam com lágrimas.

Capítulo 17

– Não chora, mãe – Celeste falou com a voz baixinha, mas firme. – Eu não estou doente e não sou quebrada. Mas acho que sou autista e não saber não me faz bem.

O silêncio não se quebrou, mas as lágrimas nos olhos da mãe também não caíram, então Celeste decidiu continuar falando.

– O meu amigo da escola, o Theo, ele é autista e foi diagnosticado aos 10 anos. Ele tem quase 17 agora. Ele é da minha turma e tem me ajudado na pesquisa que tenho feito. Só que diagnosticar autismo em meninas é difícil, ainda mais na minha idade já. Mas eu acho que existe essa possibilidade e eu preciso saber, mãe. Eu preciso – Celeste frisou a última parte apertando a mão da mãe entre as suas.

Sueli só conseguia concordar com a cabeça, mas não emitiu uma palavra sequer, o que fez Celeste ficar nervosa e seguir falando.

– Um outro amigo meu, o Cadu, tem pais médicos. Ou um deles é médico pelo menos. E pensei em pedir ajuda para eles, já que eles ajudaram a gente a definir o tema do Projeto, que tem relação com autismo também. Mas pode ser caro e eu não quero te dar esse gasto, mas eu preciso saber e...

– Eu falo com eles – a mãe de Celeste finalmente disse, baixinho de início, antes de limpar a garganta e falar com mais assertividade – Me passa os contatos e o nome deles e eu falo com eles.

Celeste foi então envolvida nos braços da mãe. O abraço repentino a deixou sem ação por alguns segundos, antes de retornar o gesto.

– Desculpa, mãe – Celeste falou, o rosto envolvido pelos cabelos de Sueli. – Eu não queria te dar preocupação, mas queria falar com você.

Sueli segurou o rosto da filha com gentileza entre as mãos, olhos nos olhos.

– Céu, não tem nada de errado com você e não tem nada no mundo que você não possa falar comigo, entendeu?

Celeste sacudiu a cabeça indicando que sim, que entendia, e foi novamente envolvida no abraço da mãe.

– Eu falo com eles. A gente vai dar um jeito – Sueli disse enquanto abraçava Celeste apertado e acariciava o cabelo curto da filha.

– E nunca achei que você fosse quebrada. Não importa o que aconteça, você precisa saber que não é.

– Eu sei que não sou, mãe – Celeste respondeu. – Mas o que eu sou precisa de um nome. Pra mim, sabe?

Ela sabia que sua mãe não entenderia, não por completo, mas seu peito já estava mais leve de ter falado. Theo estava certo: sua mãe não era seu pai.

Ainda naquele dia, Celeste mandou uma mensagem para Cadu perguntando se poderia conversar com os pais dele. A princípio, falou que era para o Projeto, pois ainda não estava pronta para compartilhar a real razão com os outros amigos.

Durante o restante do sábado, Celeste e Sueli assistiram aos episódios de *Arquivos Criminosos* pulando para as partes de que Celeste mais gostava. A cada episódio, Sueli perguntou a razão da preferência de Celeste e, com cada resposta, foi entendendo mais a razão de ela gostar tanto do seriado. Ele entendeu que Celeste admirava a inteligência e o estilo retrô de Priscila, a liderança de Adam. E, embora achasse Marcelo muito mais gato, entendeu o apelo de Reid. Mas uma coisa que Sueli nunca vai entender é como o pai de Celeste deu as costas para essa garota incrível, única. Embora ela nunca fosse perdoá-lo por isso, o que mais lhe doía era saber que a filha também não.

capítulo

Gabi: Compartilhamento de almoço de domingo. VAI!

Malu: Risoto feito pelo meu pai.

Gabi: Chique! Comida mexicana comprada pelo meu pai para surpreender minha mãe. SIM! ELA ESTÁ AQUI HOJE! Dá para ouvir o coro de "aleluia" aí da casa de vocês?

Cadu: Ah, que maneiro! Manda um beijo pra ela, Gabi. Meu almoço é... ruflem os tambores! AS SOBRAS DO JANTAR DE ONTEM! Eu nem posso reclamar porque tava bonzão!

Gabi: *Gif de atriz famosa gargalhando.*

Theodoro: Arroz, feijão, farofa e bife bem passado.

Celeste: *Rigatone* da minha avó. Ela recheia cada macarrão goela de pato com pedacinhos de muçarela e coloca no forno para gratinar. É uma delícia. Ela faz com molho vermelho.

Malu: Nossa, até babei. Vou falar pro meu pai. Fatão que ele vai querer fazer.

Theodoro: A questão é: ele teria paciência de preencher cada macarrão com queijo? Isso dá muito trabalho. Meus cumprimentos para a sua avó.

Celeste: Obrigada. Ela adora fazer. E eu adoro comer.

Gabi: PARA! Celeste mandou um *emoji*! Gente, esse grupo é muito sensacional!

Cadu: Gabi, o quanto de açúcar você comeu hoje?

Única

– Que sorriso lindo, Céu. O que você está vendo no celular? – perguntou Dona Emérita, avó de Celeste, enquanto verificava quanto tempo faltava para o *rigatone* ficar pronto.

– Uma conversa do pessoal da escola. A gente disse o que cada um está almoçando hoje e todo mundo ficou com água na boca no seu *rigatone*.

– Ah, que bom! Quando você quiser, pode convidar seus amigos para o almoço de domingo. Eu faço pra eles provarem também – a avó falou e foi tirar a travessa do forno.

– Acho que ia ser legal, vó. Obrigada – Celeste comentou e começou a teclar rapidamente no celular.

Emérita olhou para a filha como quem diz "quem diria?!", mas nenhuma das duas falou nada. Enquanto Celeste teclava, a mãe colocou a mesa.

Celeste: Minha avó disse que pode fazer um dia para vocês provarem.

Cadu: Topo muito, Celeste! Bora marcar para comemorar o OK para o nosso Projeto!

Gabi: Deixa passar o jogo contra o São Joaquim no fim do mês e eu confirmo, pode ser? É que ele é muito importante e não quero celebrar nada se perdermos.

Malu: Não vamos perder. Mas entendo e compartilho da apreensão. Melhor esperar.

Gabi: Ah, não é apreensão, não. É superstição mesmo. Se a gente marcar, vamos perder. Se deixarmos para confirmar, a gente vai ganhar. É fato.

Theodoro: Superstição não é fato só porque você quer que seja, Gabriela.

Gabi: Eu quero e você não manda na minha vida, TheoDORO.

Capítulo 18

Malu: Nossa, vocês têm o quê? Dez anos?

Cadu: Eles têm outra coisa... hehehe

Gabi: Aff, por favor, Cadu. Vai jogar *videogame*, vai!

Theodoro: O jogo é na escola ou em outro colégio?

Malu: É no CSI. Aliás, se vocês quiserem ficar para torcer seria ótimo! Mas se não puderem, tranquilo também.

— Tá na mesa! – sua avó chamou e Celeste colocou o celular no mudo e em cima da mesa de centro. Era a regra da casa da avó: nada de celulares durante o almoço.

Depois de ter deixado a avó sob aviso para o almoço que combinaram, Celeste falou sobre o Projeto, sobre o jogo e se encontrou animadamente conversando sobre como escolheram o tema, como está indo na escola e sobre a natação. Mas não falou sobre o que tinha conversado com a mãe no dia anterior, como também não mencionou Bernardo para sua avó. Eram dois assuntos que iam requerer muitas explicações – em níveis diferentes, claro – e Celeste não queria entrar em nenhum dos dois assuntos no momento.

Durante o almoço, enquanto se deliciava com o *rigatone*, Celeste pensou no convite da avó, na resposta dos amigos e no convite para assistir ao jogo. Ela teria negado de cara por nenhuma outra razão além do barulho que era a torcida durante o jogo de vôlei. Mas algo a fazia querer muito estar lá para apoiar Malu e Gabi. Então decidiu não dar a resposta ainda.

Depois do almoço, foi a vez de Celeste trabalhar. Ela lavou a louça enquanto a avó e a mãe conversaram em vozes baixas na sala. Mas ela tinha ideia do que seria o assunto: a bolsa de estudos. Celeste sorriu levemente ao lembrar da reclamação de Theo sobre o assunto.

Se for repetir para todo mundo, vai ser exaustivo.

Única

E sim, ela já se sentia exausta do assunto. Mas se ela se sentia assim, mal podia imaginar o que a mãe estaria sentindo, o que ela sentia todos os dias quando tinha que lidar com o pai. Celeste não podia nem queria reclamar. Ela teria que passar por aquilo tudo, como sempre passou pelas outras experiências ruins que teve. A diferença é que agora ela não estava mais sozinha nisso.

No dia seguinte, eles iriam falar com a diretoria sobre a bolsa. Malu já tinha passado a versão final do documento para Celeste, que, por sua vez, já tinha encaminhado para a mãe. As três iriam juntas para a diretoria. Malu insistiu em ir junto por ser representante do grupo e Celeste gostava da ideia de tê-la ao seu lado para apoiá-la naquele momento.

No documento, apontaram onde encontraram na regra da escola a possibilidade de pedido de bolsa, elas explicaram a necessidade de Celeste aplicar para a bolsa de estudos, mostraram as notas dela, todo o histórico escolar e de prêmios acadêmicos conquistados, explicaram em números a questão das finanças e até informações sobre a mãe de Celeste entrar na Justiça contra o ex-marido. Tudo para mostrar que, além de Celeste merecer muito uma bolsa, ela provaria isso mais uma vez ao conquistar a nota máxima no Projeto.

O CSI era um dos colégios mais tradicionais e bem conceituados do Rio de Janeiro e do país. Mas eles não terem um programa de bolsa de estudos era um absurdo. Malu conhecia a direção da escola e sabia que só pedir não funcionaria. Elas sabiam que, até mesmo com tudo o que estavam fazendo, ainda assim nada era garantido.

Embora Malu estivesse, como ela mesma disse, com "sangue nos olhos" com tudo isso, Celeste não conseguia ver a escola como uma completa vilã da história. Ainda que não tivessem ajudado com questões como aulas de Educação Física e trabalhos em grupo, os professores – quase sempre – aceitaram Celeste e suas peculiaridades durante todos esses anos.

128

Capítulo 18

— Mas nada disso foi caridade, Celeste. Nada mexeu no bolso deles. Eles não fazem mais do que a obrigação como a instituição de ensino que são – debateu Malu quando falaram sobre o assunto dias antes.

Notando que Celeste tinha acabado de lavar a louça, mas estava parada de frente para a pia, pensando e apertando as oito pontinhas da estrela em seu colar, sua avó a chamou de volta para a sala.

— Quer ajuda para saber como será a questão com a escola amanhã? – Emérita perguntou já indo até a cômoda onde Celeste sabia que ela guardava seu baralho de tarô.

— Mãe, a senhora sabe que não gosto quando faz coisas assim. Até parece que as respostas estão nas cartas.

— Do mesmo jeito que não estão nos óleos essenciais, mas você acredita, não acredita?

— É diferente. Tem uma ciência por trás deles e...

— Tá bom. Fica com a sua ciência então. Senta aqui, Céu – Emérita se sentou à mesa e abriu uma toalha de veludo roxo. Em cima dela, colocou uma ametista bruta e só abriu uma vela de limão-siciliano, mas não a acendeu.

— Você sabe que eu não acho certo tirar tarô para crianças e você, por mais adolescente que seja, ainda é uma criança perante as artes místicas. Logo, eu vou fazer as perguntas, interpretar as respostas e te dizer o que acho que vai te ajudar. Mas não adianta perguntar qualquer coisa, tá bom?

Celeste fez que sim. Ela não acreditava em tarô ou misticismo, mas adorava ver a avó tirar as cartas. Ela dizia que a vela representava a intenção de Celeste, mas não acendeu o pavio porque a neta ainda era muito jovem. Dona Emérita se concentrava, segurava a mão da neta e soltava, dizia algumas palavras só para si e inalava o cheirinho da vela enquanto embaralhava as cartas. Mesmo apagada, o cheirinho era delicioso e a fazia lembrar de um dos seus óleos preferidos, além, é claro, do *shampoo* que usava.

Por mais que Sueli não acreditasse em nada daquilo, ela permanecia calada, observando a mãe se concentrar, respeitosa com a crença alheia. Então, Emérita começou a puxar as cartas e a colocá-las sobre a toalha de veludo roxo. Todas com as figuras viradas para baixo. Aos poucos, ela ia virando cada uma e pensando no que via. Algumas figuras estavam de frente para elas, outras estavam invertidas e, no geral, Celeste só conseguiu identificar algumas delas: o Mago, o Enforcado, o Coração.

– Muito bem – disse a avó, com o semblante tranquilo – Vamos lá.

Ela pousou as demais cartas ao lado e olhou Celeste nos olhos.

– Quando se é criança, tudo o que se quer fazer é brincar. Quando se é jovem, só se quer crescer para ter mais liberdade e ninguém te dizer o que fazer. Mas quando se é adulto, se quer conquistar mais e mais, mas, secretamente, queria voltar a ser mais jovem, a aproveitar cada momento sem o peso de responsabilidades.

– Tranquilidade, sossego – Celeste ouve a mãe sussurrar e sua avó concordar com a cabeça.

– Não é um segredo revelado pelas cartas de que você é diferente, Celeste.

– Você quer dizer que sou pec...

– Que você é única, meu amor. E que isso pode ser muitas vezes desafiador, solitário, mas gratificante também – Emérita virou-se e pegou uma mão da neta e outra da filha. – Quando te nomeamos, não te demos só o céu e as estrelas, te demos espaço. E, pelas cartas, vejo que você quer conhecer esse e explorar esse espaço. É normal ter medo do desconhecido, mas é essencial ter coragem para explorar coisas novas também. Seja corajosa, Céu.

Celeste viu a mãe enxugar uma lágrima no canto dos olhos.

Capítulo 18

— Você viu tudo isso nas cartas, vó?

— E muito, muito mais. Mas o que você precisa saber é isso: não tenha medo de ser única. Você já teve esse medo e eu e sua mãe sabemos disso. Não precisa tentar esconder. — Emérita falou e Celeste sentiu seu rosto ficar quente. Celeste enfrentou muitos desafios ao crescer, mas o pior foi ser rotulada como "quebrada" pela pessoa que deveria ser uma das primeiras a lhe proteger. Isso fez com que Celeste crescesse tentando esconder partes de si e se encaixar em moldes que eram pequenos demais para ela. Ela estava exausta e esse cansaço de tentar ser quem não era a motivou a buscar mais informações sobre si.

Sua avó soltou as mãos da filha e da neta e levantou uma carta, a do Coração.

— Você não precisa se esconder ou ter medo mais. Você não está sozinha.

No caminho de volta para casa, Celeste sacou o celular e mandou uma mensagem fora do grupo, só para um dos amigos.

> Celeste: Theo, falei com a minha mãe. Você estava certo. Vai ficar tudo bem.

capítulo 19

Sabe quando você espera tanto por uma coisa, se prepara tanto para ela, mal come ou dorme e, quando ela chega passa muito rápido? Aí, a sensação é uma mescla de dever cumprido com falta do que não foi vivido e fica tudo meio confuso dentro do peito e da cabeça. Foi mais ou menos assim que Celeste se sentiu ao sair da sala da direção do Colégio Santa Inês depois de apresentarem a proposta para o Projeto e a bolsa de estudos.

No domingo anterior, quando chegaram da casa da avó, Celeste e Sueli sentaram e leram várias vezes a proposta que Malu mandou. Leram em voz alta uma para a outra, tirando dúvidas e pedindo explicações. Ligaram para Malu para fazer a mesma coisa com ela. Anotaram todas as possíveis questões que poderiam ser levantadas, todas as possíveis saídas para cada uma delas, e explicaram uma para a outra de onde tiraram, na documentação da escola, a informação que viabilizaria o pedido.

A mãe de Celeste fez uma mescla de óleos essenciais de lavanda e hortelã-pimenta e colocou no difusor enquanto trabalhavam. Eles ajudaram a acalmar, a focar e a desligar o pânico que estavam sentindo de a escola simplesmente nem querer ouvir seus argumentos e soltar um sonoro "não" antes mesmo de expor a proposta.

De manhã, depois da natação – algo que Celeste não abriu mão de realizar –, ela e a mãe encontraram Malu na porta da escola e as três subiram juntas para a sala da direção. E tudo correu bem. Malu e Celeste saíram da reunião sorridentes e confiantes, mas Sueli tinha anos de experiência em puxadas de tapete e sabia que tinha algo a mais acontecendo. Ela só não conseguia entender exatamente qual era a jogada.

Quando se tem medo de que as necessidades básicas de um filho não sejam atendidas, tudo é feito com foco imediato em resolver a questão. Mas agora tudo o que não foi feito pelo lado da escola se destacava para Sueli como um flamingo no meio de um grupo de corvos.

Mas os medos de Sueli se transformaram em coragem ao ver como as meninas se colocaram perante a direção, com postura e propriedade, dosando o tom de voz para mostrar sua maturidade. Malu brilhou ao apresentar o tema do Projeto! Antes de irem para a escola, Celeste e Sueli conversaram sobre a busca por um diagnóstico e Celeste escolheu deixar o assunto fora da conversa com a escola, pelo menos por enquanto. Ela tinha certeza de que viria a descobrir mais informações no decorrer do ano, principalmente dada a temática do Projeto. Mas era o suficiente para lidar no momento.

Na saída da sala da direção, Sueli notou três jovens esperando juntos, dois meninos e uma menina. A garota era mais baixa do que ambas, Malu e Celeste, com cabelo de um loiro quase tão branco quanto a pele e olhos azul-piscina. Um dos meninos também era pálido, mas, ao contrário da garota, tinha cabelos muito pretos, olhos cinzentos atentos por trás de óculos de armação fina e a altura de um jogador de basquete. Já o terceiro jovem era um menino que, em altura, ficava exatamente entre os dois, seus cabelos eram crespos bem curtinhos, tinha pele um pouco mais escura do que a de Malu e olhos castanhos. Os três, assim como Celeste e Malu, usavam o uniforme da escola com algo que os destacava dos demais. A menina loira usava várias pulseiras de pano e couro em um dos braços e suas unhas brilhavam em um tom de rosa-chiclete com *glitter*. O menino mais alto tinha uma daquelas toucas ou gorros, mas que estava agora presa no bolso da calça. E o outro menino usava ao redor do pescoço um colar de couro com algum símbolo pendurado que Sueli não conseguiu distinguir, mas que achava ser relacionado a algum *videogame*.

Ela olhou dos três para Celeste e Malu e notou como as duas também eram únicas dentro do conformismo do uniforme. Os cachos de Malu estavam presos em rabo de cavalo alto e ela usava um colar com vários pingentes. Já Celeste usava, ao redor do pescoço, sua estrela, que mais parecia uma rosa dos ventos e fora presente da avó, e era a única das meninas que tinha o cabelo curto. "O nome é *pixie cut*", a cabeleireira disse quando Celeste pediu o corte. Sueli lembra como ficou surpresa com o desapego da filha com o cabelo. Ele era bonito, cheio e comprido, mas quando Celeste começou a nadar, a primeira coisa que pediu para a mãe foi para cortar.

– E aí? – o menino mais baixo perguntou e os três se aproximaram.

Malu olhou para Sueli e depois para Celeste, que acenou com a cabeça.

– Conseguimos! – Malu disse e o menino e a loirinha se jogaram em cima de Malu e Celeste em um grande abraço de grupo. Sueli olhou rapidamente para a filha, porque sabia que ela não gostava muito de gritaria e abraços de pessoas que não conhecia. Mas ela estava sorrindo e, como estava no meio do abraço, não tinha muito como fugir dele. Esse momento, esses poucos segundos foram o suficiente para fazer os olhos de Sueli se encherem de lágrimas. Era isso o que ela sempre quis para a filha. Essa cumplicidade, essa amizade verdadeira, e ela finalmente tinha conquistado.

– Mas eles concordaram com tudo? – perguntou o garoto mais alto, que, por mais que não tivesse se juntado ao abraço grupal, estava com o semblante mais sereno do que quando Sueli o viu ao sair da sala.

Capítulo 19

– Sim, mas eu tenho uma arma secreta se eles resolverem não cumprir com o acordado. Podem ficar tranquilos – Malu disse e sorriu como quem realmente tem uma carta valiosa na manga. E Sueli não pôde segurar o sorriso, porque ela sabia qual carta era essa.

– Mãe, esses são meus amigos: a Malu você conheceu, esses são a Gabi, o Cadu e o Theodoro – Celeste mencionou apontando para cada um, que, por sua vez, ou sorria, ou acenava para a mãe de Celeste.

Enquanto caminhavam com Sueli em direção ao portão, eles falaram um por cima do outro, contando como tinha sido, fazendo e respondendo perguntas e já planejando os próximos passos do Projeto.

– Tia, a Celeste pode ficar até mais tarde na última sexta-feira do mês que vem para torcer pela gente? Se ela quiser, é claro. Mas é que, como é mais tarde, eu queria confirmar – Gabi perguntou se colocando do lado de Celeste. Sueli olhou para a filha, que sorriu levemente de volta.

– Isso é que é antecedência – Cadu sussurrou e Gabi deu um empurrãozinho com o ombro.

– Claro. Se ela quiser. Mas como você vai voltar pra casa, filha?

– Combinei com minha irmã de vir me buscar e podemos dar carona – Theodoro falou e todos olharam para ele. Eles sabiam que barulho também não era a praia de Theo.

– Uau, você vai ficar também? – Malu perguntou e notou que os olhos de Gabi não desgrudavam do rapaz.

– Vocês falaram que é importante. E se vencerem, tem *rigatone* no domingo seguinte na casa da avó da Celeste. Eu quero ficar – mas Theo não falou essa última parte olhando para Céu, e sim para Gabriela. A menina foi de pálida a cor de um pimentão em 2 segundos.

– Nossa, vai ser um jogaço! Você me dá carona pra casa depois, Gabi? – Cadu perguntou e ficou esperando a reação da amiga.

135

– Eu? O quê? Ah, claro. Dou sim – Gabi falou, pigarreou e voltou a mexer nas pulseiras – Legal! Obrigada, tia. Bem, a gente precisa voltar pra aula. Vejo vocês depois – Gabi falou rapidamente, deu mais uma olhada para Theo e saiu apressada.

– Sacou que ela vai estar distraída no treino hoje, né? – Cadu perguntou.

– Fato. Vou tirar o couro dela hoje e no resto do mês. Vai ser divertido – Malu respondeu e bateu na mão de Cadu em um *high five*, gargalhando. Os dois olharam para Theo e ele já havia se despedido de Sueli e estava andando de volta para a aula, algo que só os fez rir ainda mais.

– Tchau, tia. Obrigada pelo apoio. Vai dar tudo certo! – Malu falou e saiu correndo para a aula seguida por Cadu, que gritava "Espera, garota! Eu sou sedentário!".

Ah, o flerte da juventude! Sueli sentiu saudades dessa época, quando você podia flertar, sair, namorar e pensar que você tinha uma vida inteira pela frente, com um oceano de possibilidades. Atualmente, ela se sentia em uma poça, uma poça bem rasa. Ela se voltou para a filha e segurou seu rosto fino nas mãos. Celeste fazia jus ao nome, com seu rosto de fada e olhar que era sábio e inocente simultaneamente, a filha tinha pintinhas no fundo dos olhos castanhos que pareciam uma constelação.

– Vai dar tudo certo. Amo você, filha. Seus amigos são ótimos – Sueli falou e deu um beijo na testa de Celeste, que resmungou um "também te amo, mãe".

Sueli pegou um ônibus e foi para o trabalho. Ela sabia que teria que ficar até mais tarde para compensar a manhã passada na escola, mas cada segundo valeria a pena. Por sua filha, tudo valia a pena.

Assim que chegou à empresa, mandou uma mensagem para Regiane.

Capítulo 19

Sueli: Amiga, deu tudo certo.

Regiane: Eu sabia!

Sueli: Achei que foi até fácil demais.

Regiane: Um colégio como o CSI topar essa proposta sem chiar? Claro que tem coisa que eles não estão falando. Mas vamos nos preocupar com isso quando for a hora.

Sueli: Ela está tão feliz, tão enturmada com os amigos!

Regiane: No fundo, Su, é isso o que importa. E bolsa nenhuma, ex-marido nenhum, colégio nenhum pode tirar isso dela.

Sueli: Não, não pode. E não vai.

Os primeiros dias depois da reunião com a diretoria da escola passaram em um piscar de olhos. Por um lado, os cinco estavam aliviados por terem feito o pedido e sido ouvidos. Mas, por outro, agora tinham que fazer de tudo para garantir a nota máxima.

Todos acabaram silenciando as notificações do grupo no aplicativo, tamanha era a troca de mensagens. Eles nem precisavam ser avisados de que alguém tinha mandado algum conteúdo ali, porque estavam todos pendurados no grupo, enviando *links*, material de estudo, sugestões de temática por matéria, por tipo de neurodivergência específica linkada ao tema.

Celeste usava a natação para acalmar a ansiedade. Durante cada aula, além das matérias estudadas, eles buscavam correlacionar tudo o que podiam com seus temas. Fora da aula, seguiam se falando e mergulhando cada vez mais no universo da neurodivergência. E, no topo disso tudo, Celeste ainda estava tentando marcar com Cadu o papo com os pais dele sobre a busca de seu possível diagnóstico. As agendas dos dois não estavam batendo, já que o pai estava viajando para congressos e a mãe estava em um esquema de plantão acirrado.

Então, para clarear as ideias e não surtar de ansiedade, Celeste nadava. Toda a preocupação ficava do lado de fora da piscina e, durante o tempo em que se dedicava ao seu esporte, tudo o que importava era a próxima braçada, a quantidade de ladrilhos, três, dois, um e cambalhota, impulso e mais uma volta.

Semanas depois, Celeste já estava pensando que Bernardo fora fruto de sua imaginação. Eles não tinham se encontrado mais e, como o tempo tinha piorado, com possibilidade de chuva, Celeste começou a faltar à natação. Como a piscina do prédio era um lugar aberto, Sueli achou melhor que Celeste não fosse nadar enquanto a previsão meteorológica não melhorasse. Para ela, não nadar era como não respirar e romper a rotina dessa forma a deixou agitada, o que se somou ao fato de que também estava desapontada por ter ainda menos chances de voltar a ver Bernardo novamente. A única coisa que a acalmou nesse departamento foram as mensagens de Rodrigo, que a mantinham focada nos episódios de *Arquivos Criminosos* que seguiam vendo juntos.

Como se não bastasse tudo isso, na semana do jogo contra o time do São Joaquim caiu o maior temporal na cidade do Rio de Janeiro. A maioria dos alunos tinha saído e já estava a caminho de casa quando a chuva intermitente daquela semana resolveu que poderia piorar. E piorou muito!

Havia começado como todos os dias naquela semana: uma chuva que ora ficava forte, ora era só chuvisco, inconveniente o bastante para que todos tivessem que carregar guarda-chuvas e perambulassem com a barra das calças e os calçados molhados, o que irritava o total de 100% das pessoas. Então, o dilúvio aconteceu. Sim, a maioria dos alunos já estava a caminho de casa, mas alguns grupos ficaram para trás para estudar ou praticar algum esporte e, sim, um desses grupos era o de nossos protagonistas.

Eles ocupavam uma mesa comprida na biblioteca e alternavam entre fazer os deveres de casa e debater a próxima parte do Projeto quando um raio cruzou o céu e um trovão soou tão forte que parecia que as janelas iriam romper. Foi o suficiente para Gabi dar um pulo na cadeira e tanto Theo quanto Celeste cobrirem os ouvidos com as mãos. Assim que o barulho se dissipou, os dois últimos automaticamente buscaram seus fones de ouvido e se levantaram de onde estavam sentados.

Única

– Cara, nem Noé vai dar jeito nesse dilúvio. Olha isso! – Malu falou ao colar a cara no vidro da janela e apontar para além do portão: a rua já estava enchendo.

– Ah, não, não, não – Gabi correu e apoiou as mãos na janela ao lado de Malu.

– Qual é, Gabi. Você é feita de açúcar? A gente está abrigado e o máximo que vai acontecer é demorar pra chegar em casa. Tinha alguma coisa superplanejada hoje? – Cadu perguntou da mesa, olhando para Theo, que agora tinha os olhos fixos em Gabi.

– O meu compromisso não é da sua conta, Carlos Eduardo – respondeu Gabi.

Malu olhou pra Gabi com a testa franzida. Não era comum ela responder ao melhor amigo dessa forma.

– Eita! Segura a labareda, demônia! Só estava brincando!

– Não estou a fim de brincadeira – ela respondeu baixinho e saiu rapidamente da biblioteca.

– E agora? Aonde ela foi? – Cadu resmungou.

– Acho que ela foi ligar pro pai dela, Cadu – Malu falou ao voltar à mesa. – E o que foi isso? Ela nunca fica zangada assim.

Cadu deu de ombros. Realmente não era a cara de Gabi surtar desse jeito. Algo deveria estar acontecendo para ela ter se exaltado assim.

Outro trovão sacudiu as vidraças e Malu e Cadu trocaram olhares cúmplices e notaram que Celeste e Theodoro se locomoviam pela biblioteca, buscando outra mesa localizada mais para a parte de dentro. Os dois seguiam com fones de ouvido, completamente alheios aos estampidos dos trovões.

– Meu avô disse que você precisa contar entre o relâmpago e o trovão. Quanto mais alto você chega na contagem entre um e outro, mais longe quer dizer que a tempestade está – Cadu compartilhou.

– Ela está se aproximando – a voz grave de Theodoro respondeu, seus olhos tão cinzentos quanto o céu do lado de fora não piscavam. – Eu contei.

Capítulo 20

Celeste se sentou a uma mesa bem no fundo da biblioteca, longe das janelas, e tirou de dentro da mochila seus cadernos. Quando estava situada, virou-se para Cadu e Malu, que se sentaram à sua frente.

– Vocês devem ter notado que a gente não se dá muito bem com barulhos súbitos, né? Então vamos ficar de fones, tá bom? – Celeste disse e, depois de ver os amigos balançarem a cabeça e também se organizarem ao seu redor, voltou a apertar levemente seu pingente enquanto começara a adiantar o dever de casa.

Os três ficaram sentados estudando enquanto Theo permaneceu de pé e andava de um lado para o outro lendo um livro. Seu semblante era tranquilo, mas Celeste sabia que o vai e vem do caminhar dele o acalmava tanto quanto sentir as pontas das estrelas de seu pingente fazia com ela.

Finalmente, Gabi voltou, seu rosto estava pálido e com marcas de choro. Ela simplesmente pegou sua mochila – que os amigos tinham carregado para perto deles – e saiu de perto novamente, enfiando-se entre as estantes de livros, bem no fundo da biblioteca. Antes que qualquer um dos amigos pudesse falar alguma coisa, a diretora entrou na biblioteca e a notícia não era boa.

Com a tempestade lá fora, várias ruas e bairros no Rio haviam enchido de água. Enchentes infelizmente não são novidade no estado e todo mundo ali sabia disso. Mas a maioria só havia visto a tragédia que uma enchente faz pela imprensa, com matérias cobrando o governo para melhorias em planejamento urbano e famílias chorando por perdas de patrimônio e, muito pior, de vidas. O máximo que já tinha acontecido com eles foi, uma vez, que Celeste teve que dormir na casa da avó porque sua mãe não conseguiu buscá-la e ela, por sua vez, só saiu do trabalho de madrugada. Fora isso, enchentes eram coisas de que eles ouviam falar, mas nunca haviam presenciado.

Mesmo com isso em mente, não foi simples receber a notícia da enchente, nem de que teriam que ficar na escola até as coisas melhorarem para que pudessem voltar para casa em segurança.

Assim que a notícia foi dada pela diretora, que foi providenciar algo para as crianças comerem e responder às ligações dos inúmeros pais que entrariam em contato, os celulares de todos na biblioteca começaram a vibrar.

– Meu pai está em casa e disse que vem me buscar quando for possível. Mas minha mãe está de plantão e teve deslizamento na área em que o hospital atende. Vai ser barra – Cadu comentou e sentiu o afago de Malu nas suas costas.

– Que droga, Cadu. Espero que fiquem bem – ela comentou.

O celular de Celeste também vibrou com mensagens. A mãe estava presa no trabalho, mas aliviada de que Celeste estava a salvo. Ela avisou que a avó estava em casa e bem também. Mas Rodrigo estava na casa de uma amiga que havia sofrido com a chuva.

> Rodrigo: Amanhã eu dou notícias, porque vou ficar por aqui para ajudar. A gente está bem e não está perto de encosta. O dano é só material e nem é grave. Mas, cara, que ódio! Por que não limparam os bueiros?

Celeste suspirou aliviada por estarem todos bem, mas, sim, era revoltante. Toda época de chuva era a mesma coisa!

– Tudo bem com sua família, Theo? – Malu perguntou e Celeste fixou os olhos no amigo, que tinha parado de andar e estava lendo mensagens no celular. Ele afastou o fone branco de ouvido para responder.

– Sim. Meus pais já estavam em casa, mas minha irmã está presa na biblioteca da faculdade. Ela está bem. Disse que não está sozinha e tem um monte de coisa pra fazer, então não está reclamando – ele respondeu, seco, e voltou a caminhar de um lado para o outro.

Capítulo 20

A tensão era visível nos ombros de Celeste e nos de Theo. Por mais que estivessem mais calmos, a quebra na rotina, a imprevisibilidade de tudo ainda os estava deixando ansiosos. Celeste trocou o som de chuva que geralmente ouvia no celular por uma música já conhecida. Ao ver Theo caminhar em um eterno vai e vem, ela sabia que ele tinha acionado um aplicativo que abafava sons.

Os dedos de Malu voavam pela tela do celular, tentando falar com a própria família. Ela decidiu começar a ligar e se afastou do grupo para conseguir fazer isso sem levar uma chamada da bibliotecária. Já Cadu estava com o pescoço doído de tanto que esticara, tentando localizar Gabi de onde estava.

– Ufa, finalmente! – Malu suspirou minutos depois, voltando a se sentar ao lado de Cadu. – Consegui falar com meu pai. Esqueci que ele está fora da cidade e não está chovendo lá. Então ele está de boas. Minha mãe tinha acabado de colocar o pé em casa quando caiu a chuva. E a luz! E a internet! Então só conseguimos nos falar agora, quando voltou. Mas ainda está instável. É possível falhar de novo.

– Que saco, Malu. Mas que bom que eles estão bem – Cadu respondeu.

– Sim. Por falar nisso, alguém viu a Gabi? – Malu perguntou, mas Theo já estava se movendo.

– Vou procurá-la – ele respondeu.

Malu e Cadu se entreolharam, mas voltaram a atenção para Celeste, que abriu um leve sorriso tentando esconder a tensão que ainda sentia.

Theodoro encontrou Gabi sentada em outro canto da biblioteca, não muito longe de onde estavam. Ela estava sentada no chão, os braços ao redor dos joelhos e o rosto enterrado neles. Ele retirou os fones e os deixou ao redor do pescoço.

Única

Assim que fez isso, conseguiu ouvir o choro baixinho de Gabi e algo se quebrou dentro do seu peito. Ele não lidava bem com quebra de rotina, com imprevistos nem com sentimentos. Ele tinha uma ideia do que estava acontecendo, do que vem acontecendo de algumas semanas para cá, mas escolheu não dar muita atenção à gradual mudança que vinha sentindo toda vez que olhava ou falava com Gabi. Mas agora, dentro de uma biblioteca, com uma tempestade do lado de fora, era impossível de ignorar.

Gabi era como uma faísca: pequena, inflamável, cheia de luz e capaz de colocar fogo em tudo. Era como ele se sentia quando estava perto dela: como se estivesse prestes a entrar em combustão. Ele nunca tinha conversado com Gabriela antes de começarem o Projeto. Ele tinha olhos que funcionavam perfeitamente bem, por mais que precisassem de óculos para ler. Logo, muito antes de o Projeto começar, ele já tinha notado o quanto ela era linda, o quanto o sorriso dela era capaz de mudar o humor de todos ao redor. E isso também fazia doer seu peito porque, todas as vezes que cruzara o caminho de Gabi antes do Projeto, se ela estivesse sorrindo antes de vê-lo, quando seus olhos se cruzavam, o sorriso dela diminuía. Ele achava que o apagava. E isso era imperdoável.

Mas ele tem notado isso mudar desde o início do Projeto. Ela não para de sorrir quando o encontra, mas teima em dar ênfase à última sílaba de seu nome. E, uma vez, quando estavam em uma das reuniões sobre o Projeto, ele disse algo que fez com que ela gargalhasse. E ele podia jurar que aquele tinha sido o som mais bonito que já tinha ouvido na vida.

Agora, ouvir os soluços baixinhos que ela fazia quebrava seu coração. Ele queria que a irmã estivesse aqui para perguntar o que deveria fazer, já que ela vivia dizendo o quão romântico ele era sem mesmo saber. Mas ela não estava e tudo o que ele sabia é que Gabriela precisava parar de chorar.

Capítulo 20

Ele andou até ela silenciosamente, sentou-se ao seu lado e apoiou os braços nos próprios joelhos. E esperou. Aos poucos, os soluços pararam e, lentamente, ela levantou a cabeça, seu lindo rosto marcado por lágrimas, os olhos azul-piscina vermelhos de tanto chorar.

Ela estremeceu quando notou a presença de Theo ao seu lado, mas não se encolheu. Levou as mãos com aquele esmalte rosa com *glitter* até o rosto e enxugou as lágrimas. E esperou. Ele não disse nada, nem ela. Theo esticou as pernas compridas e ela fez o mesmo movimento.

– Minha mãe vai viajar de novo – a voz embargada de Gabi soou baixinho e rouca. – E eu não vou conseguir me despedir. E não sei quando ela vai voltar.

Theo não disse nada.

– Eu tenho esse problema com separação – Gabi complementou. – Eu não gosto quando ela viaja, mas é pior quando eu não posso me despedir porque, na minha cabeça, eu penso "E se for a última vez? E se algo acontecer com ela e eu nunca mais a vir?". Parece loucura, né?

– Não, não parece – Theo respondeu, com a voz grave.

Gabi virou o rosto para encará-lo e teve que levantar um pouco o pescoço para conseguir que seus olhos encontrassem os cinzentos de Theo. Eles tinham ficado mais próximos durante o Projeto e trocado várias mensagens não só sobre o trabalho de grupo. Os outros não sabiam, mas ela tinha mandado uma mensagem só para Theo uma vez, tirando uma dúvida sobre algo trivial, só para ter desculpa para falar com ele fora do grupo. E ele respondeu. E isso deu início a uma troca só deles sobre coisas sem qualquer importância, mas que significavam muito para ela. Mas ela estava com medo do que sentia não porque Theo era muito diferente dela, mas porque ela não sabia se ele sentia o mesmo, se sentia qualquer coisa por ela.

Única

– Minha irmã poderia falar melhor sobre isso com você do que eu, mas posso tentar se você quiser – Theo ofereceu.

– Eu quero sim – Gabi respondeu e encostou sua cabeça no braço dele. Sentiu seus músculos se retesarem e, alguns segundos depois, relaxarem.

– Bem, quando éramos mais novos, Philippa tinha medo de me perder – Theo começou. – Na cabeça dela, como eu fui adotado, ela tinha medo de que alguém fosse me levar embora ou que meus pais fossem me devolver se eu tivesse feito algo errado.

Theo interrompeu a história ao sentir os braços de Gabi abraçarem seu braço esquerdo. Ela o abraçou firme, como se também estivesse com o mesmo medo. A surpresa deu lugar a algo diferente no peito de Theodoro e ele gostou muito.

– E o que ela fazia? – Gabi perguntou, com a voz miúda.

– Mais ou menos o que você está fazendo agora – ele respondeu. – Me abraçava e dizia coisas para me acalmar, se a questão era comigo, ou acalmar meus pais, se fosse com eles. E às vezes ela gritava até seu rosto ficar tão vermelho quanto seu cabelo.

Gabi virou o rosto para Theo e lá estava um leve sorriso em seus lábios.

– Eu não a conheço bem, mas já concordo com ela – Gabi disse sem saber que Theo iria repensar e reavaliar essas palavras durante toda a noite.

– Ah, quando conhecê-la ela vai amar você – Theo resmungou. – Vai ser péssimo pra mim.

Gabi gargalhou baixinho e um frio na barriga tomou conta de Theodoro.

– Você quer dizer que Philippa tinha um medo irracional, mas que tem base na realidade para ela. O medo de perder alguém que ela ama. Pensando assim, acho que é bem normal – Gabi sussurrou, sem soltar o braço de Theo. – Mas dói muito. Eu não gosto de me sentir assim.

Capítulo 20

– É desconfortável e imprevisível – Theo revelou. – E não, não é bom se sentir assim – completou e voltou seus olhos para Gabi. – Você conversou com sua mãe a respeito?

– Não. Não quero preocupá-la.

– Talvez devesse.

– Você falou com sua irmã a respeito?

– Ela sabe porque compartilha, mesmo reagindo diferente de mim.

Gabi voltou a abraçar Theo mais firmemente e a apoiar seu rosto nele. Sem pensar a respeito, a mão direita de Theo apertou levemente as de Gabi e ela intensificou o abraço.

– Só me diz que eu te abraçar assim não te faz lembrar a sua irmã. Porque se fizer, isso é muito estranho.

– Gabriela, a última coisa em que estou pensando agora é na minha irmã – Theo respondeu, com a voz rouca como Gabi nunca ouvira antes.

Um céu azul encontrou um nublado na troca de olhares deles, e uma multidão de sentimentos foi passada no silêncio.

– Eu já ouvi você chamando a Celeste de "Céu". Por que você faz isso, mas não me chama de "Gabi"?

– Não sei. Acho que... talvez... – Gabi viu Theodoro engolir em seco e molhar os lábios com a ponta da língua antes de continuar. – Embora eu deteste apelidos, talvez eu e Celeste tenhamos uma intimidade por sermos muito parecidos em algumas coisas. Mas acho que ainda não conquistei essa intimidade com você.

Os olhos de Gabi brilharam e sua mão tocou o rosto de Theo, virando-o para que pudessem se encarar.

– Mas eu conquistei o direito de te chamar de Theo?

Ele fez que "sim" com a cabeça e ela viu os olhos dele focarem em seus lábios. Era isso! Eles iriam se beijar!

– ESTAMOS LIBERADOS! – o berro de Cadu ecoou pela biblioteca fazendo Theo e Gabi praticamente pularem de susto.

Única

Theo sentiu o peito doer, mas ele não sabia se era pelo susto que levou com o berro de Cadu ou pelo que sentia que estivera prestes a acontecer. Algo que definitivamente teria mudado seu relacionamento com Gabi.

Theo se levantou rapidamente e estendeu a mão para ajudar Gabi a fazer o mesmo. A mão pequena dela, repleta de pequenos calos por jogar vôlei durante tanto tempo, quase sumiu ao segurar a dele. E não largaram. Mas, ao ouvir os passos dos amigos se aproximando, eles se soltaram e deram um passo para trás, aumentando a distância entre si, algo que nenhum dos dois queria realmente fazer.

Quando Gabi estava colocando a mochila nas costas, Malu, Celeste e Cadu apareceram no corredor onde estavam.

– Tudo bem por aqui? – Malu perguntou e os dois fizeram que "sim" com a cabeça.

Já passava de 10 horas da noite quando todos finalmente chegaram a suas respectivas casas, tomaram banho, jantaram e estavam deitados, emocionalmente exaustos.

Gabi: Só eu acho um absurdo termos que ir pra escola amanhã de manhã de novo? Tipo, mal chegamos em casa!

Theodoro: Pelo menos a semana está quase acabando.

Malu: E tem jogo! Foco no jogo!

Gabi para Theo: Obrigada por tudo.

Theo para Gabi: Você não precisa agradecer. Vai falar com sua mãe?

Gabi para Theo: Vou sim.

Theo para Gabi: Boa noite, Gabi.

capítulo 21

No fim daquela semana, Celeste encontrou Malu em uma mistura de tensão e empolgação. Hoje era um jogo importante contra o time de vôlei do Colégio São Joaquim, grande rival do Colégio Santa Inês. Celeste nunca deu muita importância para rivalidades intercolegiais porque nunca seguiu esportes. Ela praticava natação porque gosta, porque é parte de quem ela é. Mas a competitividade nunca esteve presente. Parando para pensar, ela nunca se importou com qualquer tipo de competição. Isso tem mudado bastante depois que começou a andar com Malu e Gabi, mas de uma maneira positiva.

Tanto no grupo quanto na escola era interessante observar como as duas interagiam. Malu é o tipo de pessoa magnética. Ela entra em um lugar e você automaticamente se sente atraído por ela e não somente porque ela é linda, mas porque ela sabe como tratar cada pessoa de forma diferente. Você vai saber se ela gosta ou não de você, mas você também vai ter certeza de que, gostando ou não, ela vai ouvir o que você tem a dizer e vai respeitar seu posicionamento, mesmo que não concorde. Malu é diplomática, mas sabe se impor quando necessário. Ela é uma líder e Celeste, embora não tenha total noção de tudo isso, sabe que encontrou uma amiga na menina de quase 1,80 metro, com sorriso largo, cachos fartos e sardas salpicadas pelo nariz.

Já Gabi é uma espoleta. Ela é uma mistura de filhote de *pincher* endemoniado com anjo da guarda. Enquanto Malu é vista na escola quase como uma reverência, Gabi é aquela que todo mundo conhece e quer ficar perto. Em quadra, ela é ágil, enquanto Malu é forte; desestabiliza o time adversário, enquanto Malu mantém o delas unido. E volta e meia as duas discutem a melhor estratégia. Gabi sempre reclama, mas sempre ouve. Malu sempre briga, mas sempre incentiva. E as duas lidam com o nervosismo de formas completamente diferentes também.

Malu está empolgada, mas Celeste sabe que ela já pensou, testou e treinou diversas táticas diferentes. Sua tranquilidade vem de saber que estão 99% preparadas para todos os cenários e sua empolgação vem do 1% que pode ser imprevisto. Ao andar com ela para a escola e receber sua barrinha de cereal, Celeste sente um cheirinho mais mentolado do que o normal de camomila. Malu olha por cima do ombro para Celeste com um sorriso enviesado.

– Hortelã-pimenta? – Celeste pergunta, identificando de imediato o cheiro.

– Sua mãe me deu um vidrinho de óleo essencial de hortelã--pimenta. Me ajuda a focar e hoje eu preciso mais do que nunca.

– Algo me diz que, até o fim do ano, a gente vai consumir litros desse óleo – Celeste resmungou sorrindo ao buscar seus fones de ouvido. Malu sorriu e seguiu andando ao lado da amiga.

Celeste respirou fundo ao se aproximar da escola. Ela falou com Theo e baixou o mesmo aplicativo que ele tem de abafador de som. Durante o jogo talvez seja melhor abafar o som do que turbinar o de chuva ou a música que ela geralmente ouve. Assim, ela vai conseguir o maior nível de silêncio possível e poderá assistir ao jogo sem *stress*. Estar no controle é algo que aprendeu que precisa ter em mente para não deixar a ansiedade ganhar.

Conforme a hora do jogo se aproxima, a atmosfera se torna cada vez mais carregada de uma energia diferente e boa. Além de ser sexta-feira, o jogo de vôlei deixou boa parte da série de Celeste em polvorosa. Não é todo mundo que se envolve com esportes, mas quem curte e decidiu ficar para apoiar as meninas

Capítulo 21

no jogo está empolgado. Algumas pessoas estão eufóricas pelo jogo em si e outras por conhecer ou reencontrar alunos do Colégio São Joaquim.

Quando a última aula terminou, um tumulto gostoso tomou conta da escola. Parte dos alunos seguiu feliz para a liberdade do final de semana, enquanto outra se preparou para o jogo com a mesma vibração. A competitividade era quase tangível e Celeste notou, porém não a compartilhara. Ela só quer que o seu colégio vença porque é importante para Malu e para Gabi. Isso é competitivo o suficiente para ela no momento.

Quando entrou no ginásio, Celeste viu Malu envolvida com o restante do time e a cabeça quase branca de Gabi no meio da roda que formavam. Celeste avistou Theodoro e Cadu sentados no alto da arquibancada. Theo estava quase no topo, com fones de ouvido ao redor do pescoço e os olhos fixos na tela do celular. Cadu acenou para Celeste se juntar a eles. Ele estava sentado no degrau abaixo, com as pernas cruzadas e a mochila largada do lado.

Ela se sentou ao lado de Theo, mas sem se encostar totalmente no banco. Cadu estava encostado ao lado dos seus joelhos e se virou para sorrir para ela.

— Eu trouxe uma coisa pra você – ele disse ao remexer dentro da mochila. De lá ele retirou um par de fones de ouvido gigantescos, vermelhos e daqueles que se conectam por *bluetooth*.

— Acho que são melhores do que os que você tem usado e podem ajudar nos jogos. O povo do CSI se empolga pra caramba. Ninguém avisou que não estamos nas Olimpíadas.

Celeste se sentiu tentada a pegar os fones, mas ela já foi avisada inúmeras vezes pela mãe quando era pequena que, só porque lhe oferecem algo que você queira, não quer dizer que seja sempre correto aceitar. Ela sabia que esses fones eram caros e que os dela, por mais que fossem bem antigos, funcionavam direitinho. Não deveria aceitar, mas queria muito.

Aparentemente, Cadu sabia ler seus pensamentos, porque ele olhou para ela e colocou os fones no seu colo.

– Relaxa. Eles são caros, mas não são novos. Eu uso muito para jogar com meus amigos *on-line*. Alguns são melhores do que outros e esses, por melhor que seja, não funcionam pra mim. Logo, seria um favor você usar. Não quero vender ou doar se posso dar para uma amiga que vai fazer melhor uso do que eu.

– Tecnicamente, você os está doando pra Celeste – Theo falou, ainda focado no celular.

– E, tecnicamente, não é da sua conta – Cadu respondeu sem olhar para ele, em tom jocoso. – Mas se você não quiser, tranquilo também, Celeste. Só pensei que poderiam ajudar.

Celeste olhou para os fones novamente e decidiu aceitar. Ela agradeceu o presente e Cadu abriu um enorme sorriso. Ela pareou os fones com seu celular e realmente eram infinitamente superiores aos que ela usava. À sua frente, todo o movimento na quadra se transforma em um filme quase mudo.

– São perfeitos, Cadu. Obrigada – Celeste falou quase berrando para se ouvir e sabia que Cadu estava gargalhando ao seu lado pelo gestual dele.

Ela estava sentada, apreciando o quase-silêncio, quando o time do Colégio São Joaquim chegou, os uniformes tão vermelhos quanto seus novos fones. Enquanto as meninas do time se organizavam no banco de reservas e começavam a se aquecer, Celeste viu vários outros alunos que, assim como ela, vieram torcer pelo seu colégio. Ela estava recostada no banco, com as pernas dobradas para o lado quase tocando os pés de Theo, que, por sua vez, estava com os braços apoiados nos joelhos e os fones brancos já posicionados na cabeça. Como usava óculos para ler, ele estava sem eles agora e era possível ver melhor a cor de seus olhos. Eles eram cinzentos, mas tinham um tom meio esverdeado no fundo, como chá em um

Capítulo 21

dia nublado. E, naquele momento, eles estavam fixos em um ponto que se movia na quadra. Celeste virou-se para buscar o que ele estava seguindo e... o que é um pontinho quase branco correndo de um canto para o outro em uma quadra de vôlei? Não, não é a bola.

— Arrasou, Gabi! É isso aí! – uma das meninas do time berrou quando Gabi duplicou a sua altura em um salto sensacional para cortar a bola.

— Quem diria que ela, tão pequenininha, teria essa força toda no braço? – Cadu perguntou ao olhar para Celeste e rir sozinho porque se deu conta de que ela não conseguia ouvi-lo.

Durante o aquecimento, Celeste observou tudo ocorrer ao seu redor com mais tranquilidade do que jamais esperou que aconteceria. Flanqueada por Cadu e Theodoro, ela se sentiu segura em um ambiente com mais pessoas do que estava acostumada. Embora as arquibancadas tivessem começado a encher, elas não lotaram, o que tornou as coisas ainda mais confortáveis para ela.

De vez em quando, Gabi olhava para eles, sorria e acenava. Cadu acenava com entusiasmo de volta e Celeste acompanhava, mas Theo só balançava a cabeça levemente, celular e óculos na mochila. Seu gorro empurrado levemente para trás fazia com que seu rosto ficasse mais visível e seus cabelos pretos levemente cacheados e um pouco mais longos emoldurassem seu rosto. Theo não parecia exatamente tenso, mas uma mescla entre focado e preocupado, como se ele fosse o técnico do time. Cadu também notou, mas ele não pareceu preocupado com isso, muito pelo contrário. Ele tinha um sorriso enviesado no rosto, como quem sabe de uma fofoca incrível e mal pode esperar para poder compartilhar.

Os olhos de Theo se voltaram da quadra para outra coisa e passaram a acompanhar algo que se movia para mais perto. Celeste se virou para Cadu, que também estava olhando para o mesmo lugar. A menina se lembrou então de quando assiste a filmes de terror: ela ama, mas como tem problemas com barulhos repentinos – o que é basicamente toda a trilha e os efeitos sonoros de sustos –, ela os assistia no mudo. E ver os dois amigos seguindo algo que eles claramente achavam estranho deixou Celeste com a sensação de que algo estava para acontecer. E ela não estava errada: quando ela avistou o que eles estavam seguindo, aquilo que havia desinflado em seu peito dias atrás praticamente explodiu. Subindo a arquibancada na direção deles estava Bernardo.

Celeste retirou os fones de ouvido com cautela, empolgada para falar com Bernardo, mas também receosa pelo barulho da quadra. Ele parou a uns dois bancos de distância deles e acenou meio sem jeito para os três.

– Oi. Lembra de mim? – ele perguntou sorridente, nitidamente notando os olhares pouco amigáveis que Cadu e Theo estavam lhe dando.

– Oi. O que você está fazendo aqui? – Celeste perguntou.

Bernardo respondeu apenas apontando para o próprio uniforme: ele era aluno do São Joaquim.

– Minha irmã joga no time e eu vim torcer. E vocês?

– Não temos irmãs – Cadu respondeu, ríspido. – Mentira, Theodoro tem, mas ela é mais velha. Como vocês se conhecem? – ele disse rapidamente e emendou na pergunta, apontando de Celeste para Bernardo.

– Temos um amigo em comum. Nos encontramos por acaso num sábado de manhã – Bernardo respondeu também rapidamente. – Meu nome é Bernardo, prazer.

– Cadu. Aquele é o Theodoro – Theo acenou levemente com a cabeça. – E foi mal, mas sua irmã vai perder – Cadu acrescentou, agora com um tom de deboche e uma leve competitividade.

Bernardo olhou de um menino para o outro e sorriu, colocando as mãos nos bolsos da calça *jeans*. Era tão estranho vê-lo de uniforme escolar!

Capítulo 21

– Ah, eu acho difícil. O time dela é muito bom – Bernardo respondeu, mas o sorriso não deixou seu rosto. Ele realmente lembra o ator que interpretava Reid, mas bem mais jovem, e ele estava torcendo pelo time adversário. Bem, não dava para ser totalmente perfeito, né?

– O nosso também é. Eu diria boa sorte, mas não quero – Cadu respondeu e Bernardo deu uma risada.

– Justo. Bom jogo pra vocês – ele respondeu e emendou para Celeste. – A gente se vê amanhã no prédio do Rodrigo?

Celeste concordou e acompanhou Bernardo se virar e começar a descer as arquibancadas. Ele andou até o outro lado da quadra e se sentou na mesma altura, o que colocou Celeste e seus amigos na sua linha de visão.

– Olha ela, toda destemida confraternizando com o inimigo! – Cadu falou e cutucou o joelho de Celeste.

– Em esporte, o termo não é "inimigo". É "adversário" – Theo respondeu e voltou a procurar por Gabi na quadra.

– E aí, conta, como vocês se conheceram? Porque ele claramente está interessado em você – Cadu virou-se e apoiou os braços nos joelhos de Celeste, ignorando o comentário de Theo.

– Ele disse, foi num sábado.

– Tecnicamente – Cadu fala, imitando muito mal o timbre grave da voz de Theo – foi o que ele disse, mas quero detalhes. O que ele disse quando vocês se conheceram?

– Que ele acha que eu nado muito bem.

– Ele disse isso com essas palavras ou usou outras? – Cadu perguntou. E assim, aos pouquinhos, fazendo perguntas mais específicas, ela contou como eles se conheceram e o que falaram, mas não disse que ele parece com o ator que ela adora.

– Céu... eu acho que ele gosta de você. Pode não ser o estilo "case-comigo-agora-e-vamos-viver-felizes-para-sempre-em-uma--mansão-com-piscina-olímpica", mas definitivamente é no estilo

155

"você-é-gata-e-quero-te-conhecer-melhor-e-te-convidar-para--sair-para-um-lugar-que-não-envolva-cloro". Mas, até aí, sinto muito. Ele pode querer o que ele quiser e não vale de nada se você não quiser também. A questão que mais me interessa é: como você se sente em relação a ele? Explica pra mim.

E não era essa a pergunta de milhões? Celeste nunca tinha se interessado romanticamente por ninguém até Bernardo. Claro, ela tinha achado alguns colegas bonitos e adorava personagens da ficção, mas era diferente. Ela nunca tinha contado isso a ninguém, mas tinha prestado atenção em como via várias vezes filmes e séries dos quais mais gostava. E acontecia porque gostava dos personagens que a tinham conquistado depois do filme ou episódio terminado. Aos poucos, Celeste foi se dando conta de que ela precisava conhecer os personagens, o que fariam e quem eram até o final da história antes de se render a eles, antes de saber que eles não a decepcionariam. E não tem como se apaixonar por pessoas reais dessa forma. A gente nunca sabe a história inteira se não fizer parte dela também. Mas ela não tinha como contar tudo isso para Cadu. Não sabia se ele ia entender e ela mesma não tinha certeza se compreendia.

— Ah, eu só o vi algumas vezes...

— Tá, mas depois de o ter conhecido, todas as vezes que você foi nadar e ele não estava lá... como você se sentiu?

— Desapontada.

— Amiga, você gosta dele!

— Valeu, Sherlock Holmes. Eu sei que gosto dele, mas sei lá... e se ele não gostar de mim ou... – Celeste falou, com o rosto quente.

— Ou nada, Céu. Tá na cara que ele está interessado, vai por mim.

— Como você deduziu isso? – perguntou Theo, agora com o corpo completamente voltado para os dois, os olhos cinzentos

Capítulo 21

sérios. Mas tinha algo a mais em seu semblante, algo que Celeste ainda não conseguiu identificar.

– Simples, meu caro Watson. Quando a gente gosta de alguém e fica na expectativa de encontrar essa pessoa e isso não acontece, nos sentimos desapontados. Dá um vazio tipo aqui – Cadu disse e apontou com as pontas dos dedos para o meio do peito. – Bem embaixo do osso esterno. É diferente quando a gente quer algo e não ganha ou ia encontrar os amigos e alguém fura. Quando a gente gosta, esse vãozinho aqui dentro do peito dói, ele sofre.

– Poético pra caramba, mas não foi isso o que eu perguntei – Theo respondeu. – Quero dizer: como é que você sabe que ele está interessado na Céu?

Cadu piscou uma, duas, três vezes antes de responder.

– Você está perguntando pra mim, Theodoro, como é que eu saquei que ele tá a fim dela. Mas o que eu ouço é "será que o poder de dedução dele também pescou que eu tô muito na onda da Gabi?".

Um, dois, três segundos de silêncio entre eles e os olhos de Theo se voltaram para Gabi – que estava com as maçãs do rosto já rosadas e o jogo nem tinha começado –, e de volta para Cadu. O amigo sorriu levemente e balançou a cabeça afirmando.

– É, Theo, eu saquei. E também acho, ou melhor, eu sei que é correspondido – Cadu falou.

Theo tirou o gorro e passou as mãos pelos cabelos, cruzando-as na nuca, fazendo pressão. Era correspondido, aquele sentimento que veio devagar e cresceu, toda vez que Gabriela não estava onde ele achava que ia encontrá-la era como se um leve soco no peito o deixasse sem ar. Toda vez que alguém mandava mensagem no grupo ele esperava que fosse dela.

– Foi por isso que você resolveu ficar pro jogo hoje, não foi? – Cadu perguntou e Theo não precisou responder: não tinha como ela estar aqui e ele não.

– Olha só, vocês já sabem que eles estão interessados também, então, ao meu ver, meio caminho já foi andado. Vão lá ser felizes! – Cadu disse para Theo e Celeste, ambos muito atentos. – E deixem bem claro se qualquer coisa fizer vocês se sentirem desconfortáveis. Consentimento é essencial e vou sim pagar essa lição pra qualquer um dos meus amigos que se prestar a ouvir! Tô nem aí!

Celeste sorriu ao ver Cadu pregar sobre relacionamentos para eles, porque a mãe dela já tinha tido essa conversa com ela anos antes. E Celeste tinha entendido, ainda mais depois de ver todas as temporadas de *Arquivos Criminosos*.

– Por mais que eu esteja empolgadíssimo para saber o que vai acontecer nos próximos capítulos da vida amorosa de vocês – porque a minha tá um marasmo só –, quero que saibam que podem confiar em mim e eu não vou contar nada para ninguém se não quiserem – Cadu falou e voltou a se sentar encostado no banco, com os olhos na quadra. – Segredo é coisa séria. – ele completou mais para ele do que para os outros dois.

Foi então que o apito soou, assustando tanto Theo quanto Celeste, que só naquele momento se deram conta de que estavam todo esse tempo sem os fones de ouvido.

O jogo ia começar.

Celeste nunca havia ido a um jogo de vôlei na vida. Tinha assistido na televisão algumas vezes, mas nada se comparava com estar ao vivo dentro de uma quadra. Ainda mais quando você realmente tem razão para torcer por um time! Ver Malu e Gabi jogando lhe ajudou a entender o que era competitividade. Ela e Theo passaram o jogo com os fones de ouvido, abafadores de ruído acionados, mas dava para ouvir lá longe o barulho do jogo. Longe o suficiente para não causar problemas para eles e próximo o suficiente para estarem situados no jogo.

A cada ponto conquistado pelas meninas do CSI, eles sentiam orgulho, alívio, empolgação. Era uma overdose de sensações que os faziam ficar ofegantes. Mas, de vez em quando, um se flagrou olhando para o outro e sorrindo, entendendo que sim, eles pertenciam àquele momento e vice-versa. Já Cadu estava quase rouco de tanto que berrava.

Aí, o 1% de imprevisto aconteceu. O jogo estava acirrado e entrando no último *set*, quando um acidente fez a pequena bolha de empolgação deles estourar: em uma jogada, Gabi subiu incrivelmente alto, mas ao voltar para o chão seu pé escorregou e ela virou feio o tornozelo. Em segundos, muitas coisas aconteceram ao mesmo tempo.

Coletivamente – e em ambos os lados da quadra – as pessoas puxaram ar ao ver o corpo pequeno de Gabi cair duramente no chão. O apito do juiz soou para parar a partida enquanto um enfermeiro correu para o lado dela, assim como Malu. Celeste, Cadu e Theo automaticamente se levantaram para tentar ver o que estava acontecendo, mas foi quando uma maca surgiu na entrada da quadra que colocou todos eles em movimento. Enquanto Cadu e Celeste colocaram as mochilas nas costas e desceram os degraus da arquibancada, Theo já tinha lutado para chegar perto de Gabi, sua mochila largada para trás. Celeste pegou a dele, colocou no outro ombro e desceu atrás de Cadu. Antes mesmo de chegar perto de Gabi, conseguiram ouvir palavrões misturados com gritos de dor.

— A dor já vai aliviar. Eu já coloquei o seu tornozelo no lugar – o enfermeiro falou, tentando acalmar Gabi, enquanto produziu um saco de gelo de uma bolsa térmica e aplicou ao redor do pé ferido, que já começara a inchar.

— O QUÊ? ELE TINHA SAÍDO DO LUGAR? – Gabi berrou, os olhos azuis arregalados e o rosto molhado de suor e, agora, lágrimas.

— Vai ficar tudo bem, Gabi. Já, já você tá nova – Malu disse, segurando a mão da colega. – Alguém pode ligar pro pai dela, por favor?

— Eu ligo! – berrou Cadu, quando finalmente chegou ao lado deles.

— Não precisa da maca, pelo amor de Deus! Eu posso... não, não posso, não – Gabi reclamou quando se deu conta de que iriam tirá-la da quadra em uma maca. Uma mescla de medo e vergonha inundou seu peito e ela se deu conta, agora que a dor não estava tão aguda, de que todo mundo estava olhando para ela. Meu Deus, que mico! E como é que ela ia terminar o jogo com o pé assim? E como...

— Posso ajudar? – ela ouviu a voz grave de Theodoro bem perto dela. Passou as costas das mãos nos olhos para tentar tirar algumas lágrimas e focar a visão. E sim, era ele, com seus olhos cinzentos preocupados fixos nos dela. Eles tinham se falado e se visto depois do lance na biblioteca, mas não tinham conversado a respeito. E agora, olhando para a preocupação

Capítulo 22

estampada no rosto de Theodoro, tudo o que Gabi queria era abraçá-lo.

— Eu não quero sair em uma maca, Theo – ela falou e detestou como a sua voz soou frágil, como estava prestes a chorar não só de dor, mas de vergonha também.

— Posso? – ele perguntou para o enfermeiro ao indicar com os braços o que pensava em fazer. O enfermeiro explicou o que não fazer e para onde ele precisaria levar Gabi. E, quando Theo se voltou para ela, ela balançou a cabeça em afirmação.

— Coloca os braços ao redor do meu pescoço, Gabi – Theo falou baixinho, só para ela ouvir.

Ela obedeceu. Então ele passou um dos braços por baixo dos joelhos de Gabi, o outro abraçou suas costas e ele a levantou no colo como se ela não pesasse nada. Mas, ao ser levantada do chão, o movimento fez a menina dar um gemido de dor. Automaticamente, Gabi enfiou a cabeça no pescoço de Theo, escondendo o rosto para que os outros não a vissem chorar mais uma vez. Theo a abraçou mais perto e a levou para onde o enfermeiro tinha indicado: um banco afastado, em um dos cantos da quadra, onde ele poderia tratar o pé de Gabi enquanto os times voltavam a jogar.

Cuidadosamente, Theo apoiou Gabi no banco, mantendo o pé dela esticado. Ele ajoelhou ao seu lado e o enfermeiro fez o mesmo do outro, já verificando se mais algo estava fora do lugar. Assim que viu que estava tudo bem, ele passou *sprays* e enfaixou o pé para evitar que ela o movesse.

Em segundos, Cadu e Celeste estavam ao seu lado, seguidos por Malu.

— Como ela está, Antônio? – Malu perguntou.

— Gabriela, você conseguiu deslocar o tornozelo. Como disse, eu já o coloquei de volta, mas você vai sentir dor pelos próximos dias e ele vai inchar. Recomendo você falar com seu ortopedista para fazer exames, mas acho que com repouso e leve fisioterapia no próximo jogo você já vem pra abalar a casa toda – Antônio, o enfermeiro, falou sorrindo.

– Vai lá ganhar o jogo por mim – Gabi falou para Malu, que apertou o ombro da soldada abatida e foi ganhar a guerra.

O apito soou e o jogo continuou. Enquanto Antônio acabava de cuidar do pé de Gabi, ela ouvia a partida ao seu redor e mais lágrimas turvaram sua visão. Que ódio, que tristeza não poder finalizar a partida! Uma queda boba e tchau, jogo. Pelo menos não tinha sido nada sério, mas a dor foi tamanha ao cair no chão que ela temia ter quebrado o pé. Aí, a história seria outra e não chegaria ao fim do campeonato.

– Pronto, já avisei seu pai e disse o que aconteceu. Ele está vindo – Cadu falou. Só aí Gabi olhou ao seu redor e encontrou Theo, Cadu e Celeste ao seu lado. E as lágrimas caíram. Gabi apertou as mãos nos olhos para evitar, mas eram muitos sentimentos ao mesmo tempo.

– Ei, tá tudo bem. Você ouviu o Antônio. Logo, logo você tá melhor – Cadu sussurrou.

– Eu sei – Gabi falou entre soluços. – Mas é muito, muito ruim e...

– Domingo vai ter *rigatone* na minha avó, porque a gente vai ganhar. Até as meninas na reserva são ótimas. E você vai estar lá conosco, Gabi – disse Celeste.

– Nem que eu tenha que te carregar até lá – completou Theo.

Os olhos azuis – agora vermelhos e inchados – de Gabi encontraram os cinzentos de Theo e ela sorriu.

– Sério? – ela perguntou e ele concordou com a cabeça.

– Então, vamos começar agora, porque tio André tá chegando e precisamos levar Gabi lá pra fora – Cadu falou depois de ver a mensagem no celular.

Celeste buscou as coisas de Gabi no vestiário e entregou para Cadu carregar enquanto ela levava as mochilas dela e de Theo. Ao passar para a saída, Celeste acenou para Bernardo,

Capítulo 22

que deu um sorriso triste ao ver a amiga dela ferida. Quando o caos reinou durante a queda de Gabi, Bernardo tinha tentado chegar até o centro da quadra, mas não conseguiu. Celeste tinha visto ele voltando para seu lugar, esticando o pescoço e tentando ver se Gabi estava bem.

Ao passar pelo outro lado da quadra, Celeste ouviu vários "melhoras, Gabi!" e "dá notícias!" das jogadoras no banco de reservas e de alguns torcedores do São Joaquim. Gabi deu um tchauzinho com um sorriso triste e agradeceu. Celeste sorriu: Gabi era conhecida e querida até por pessoas do time adversário. Enquanto ela e Cadu seguiram Theo, que carregava Gabi nos braços até o portão da escola, o barulho do jogo foi ficando para trás.

O pai de Gabi chegou e estacionou o carro de qualquer jeito na frente da escola. Ao sair, ele abriu a porta de trás para que Theo conseguisse colocar Gabi, mantendo o pé dela esticado. Ainda bem que ele dirigia um carro espaçoso!

– Eu tô bem, papai. Não precisa se preocupar. O pior já passou – Gabi falou enquanto o pai dava a volta para ir ao seu encontro.

André era alto e esguio e, como sempre, estava com roupas sujas de tinta e seu cabelo longo enrolado em um coque no topo da cabeça.

– Não existe a possibilidade de eu não me preocupar – ele disse e beijou a testa da filha. Celeste olhou para os dois, o carinho do pai pela filha e o tal lugar no peito onde Cadu tinha mencionado que ficava o interesse romântico também tinha espaço para outra dor. Tecnicamente, era onde ficava o coração e não tinha como se lembrar do próprio pai e não sentir o seu se quebrar mais uma vez.

– Ela não pode apoiar o pé no chão e precisa ir ao ortopedista – Cadu falou enquanto colocava as mochilas no porta--malas. Ele seguiu explicando para o pai de Gabi tudo o que o enfermeiro tinha falado. Depois, subiu no banco do carona, abriu a janela e bateu a porta.

— E vocês dois? — perguntou.

— Minha irmã deve estar chegando daqui a pouco — explicou Theo, seguindo os movimentos de Gabi no banco de trás, enquanto ela colocava o cinto de segurança.

— Obrigada por cuidarem dela — André falou para todos, mas todos sabiam que ele queria saber mais sobre Theo — Vou deixar Cadu em casa e levar a Gabi até a emergência para ver logo isso.

— Eu aviso no grupo quando tiver mais notícias, tá? — Gabi falou enquanto seu pai dava a volta e entrava no carro.

— Melhoras, Gabi!

Celeste e Theo falaram ao mesmo tempo e deram passos para trás para o carro poder manobrar. Ficaram parados no mesmo lugar até o carro sair do estacionamento da escola e sumir no trânsito noturno do Rio de Janeiro.

— Lá dentro, Gabi te chamou de "Theo" — Celeste comentou.

— Chamou, sim.

— E você não se importou.

— Nem um pouco.

Philippa avisou que ia se atrasar um pouco por questão de trânsito de sexta à noite. Celeste e Theodoro sentaram nos bancos na entrada da escola para esperar. Eles poderiam ter voltado para o jogo e, por mais que quisessem apoiar Malu, não estavam mais no clima de assistir. De longe, ainda dava para ouvir os sons das torcidas, então ainda estava rolando. Os dois esperavam com todas as forças que ganhassem o jogo, mas a overdose de emoções desencadeadas por todos os acontecimentos merecia ser sentida. Então os dois ficaram sentados um do lado do outro, em silêncio, na penumbra da portaria da escola.

Capítulo 22

Secretamente, além de estar torcendo por Malu e rezando por Gabi, Celeste estava pensando que Bernardo estava a poucos metros de distância e que o veria no dia seguinte. Só de pensar, ela já sentia frio na barriga.

Celeste virou o rosto para olhar para Theodoro e notou a razão de seu silêncio. Ele estava com as mãos unidas, como em oração, mas apoiadas nas pernas. E as pontas dos dedos tocavam umas nas outras, como se ele estivesse contando cada uma delas inúmeras vezes.

– Você fez bem em ajudar Gabi hoje. E ela já está melhor. Vai ficar tudo bem! – Celeste falou as palavras que achava que Theo queria ouvir e esperava estar certa.

– Vai.

– Quer conversar sobre o que aconteceu? – a pergunta o fez virar o rosto rapidamente em sua direção. Claro que ela saberia que a ansiedade estava reinando no momento. Ele puxou o ar e, pela segunda vez na mesma noite, tirou o gorro e passou as mãos pelos fios mais longos. Fazia isso toda vez que se sentia frustrado ou angustiado.

– Embora eu saiba que ela esteja bem, que ela está com o pai e com o melhor amigo, eu preciso ter certeza que ela está bem.

– Você queria estar perto, né?

– Muito. E eu sabia por que andava me sentindo assim, só que hoje... – Theo disse e se calou repentinamente. Ele mordeu os lábios e fechou os olhos, deixando a cabeça pender como em derrota.

– Não é algo ruim, Theo. Ouviu o que o Cadu falou? Gabi gosta de você.

– Gabi gosta de todos nós.

– Você sabe o que eu quero dizer.

– Ela é... ela é... ela é luz onde ela entra, sabe? Eu não sou assim.

– Você não precisa ser.

Eles ficaram alguns momentos em silêncio e o celular de Theo acendeu com a mensagem da irmã avisando que estava quase chegando.

– Ela me tira do sério tantas vezes... – Theo mencionou, quebrando o silêncio. – Fala muito rápido, uma ideia por cima de outra e um entusiasmo que não tem fim. Mas quando ela fica sem falar algo no grupo durante muito tempo ou quando não a encontro na escola é como se eu estivesse em um túnel que não acaba.

Celeste ficou pensando nas interações dos dois, em como ela se sentia sobre Bernardo, como ela se sentia sobre os amigos e como achava que tudo não seria capaz de ter lugar dentro de seu peito, mas tinha. E aí se lembrou de algo que a irmã de Theo tinha falado quando se conheceram.

– Ela é sua *sunshine* – Celeste disse e viu o olhar de Theo se suavizar ao se dar conta do que estava falando. Nesse momento, os faróis do carro de Philippa apontaram no portão.

– Acho que ela é sim – Theo admitiu, baixinho, mas acrescentou em tom mais sério. – Mas não fala uma palavra sobre isso pra minha irmã, por favor.

– Ah, eu acho que ela iria adorar saber como você galantemente pegou Gabi no colo e... – Celeste começou a falar, sorrindo, e viu Theo arregalar os olhos em advertência. Mas um sorriso meio de lado tomou seu rosto e ela parou de brincar com o amigo. Tinha conseguido o que queria com o comentário: eles seguiram para o carro se sentindo um pouco mais aliviados.

capítulo 23

Sábado de manhã, enquanto Celeste se arrumava para ir nadar, o grupo TEA no Ensino explodiu.

Gabi: Bom dia! Só para avisar que meu pai me levou à emergência ontem depois do jogo. Boas notícias: Antônio estava certíssimo. Tinha deslocado, mas não foi nada megagrave. Já consigo andar, mas é dolorido. Vou ficar com o pé pra cima hoje. Na segunda, já começo a fisioterapia. Más notícias: eu não sei se meu pai vai deixar eu ir à casa da avó da Celeste amanhã.

Malu: Maravilha, Gabi! Outra boa notícia é que ganhamos o jogo! Então, a gente dá um jeito e você vai sim comer *rigatone* celebratório conosco.

Celeste: Minha avó já está preparando a massa, então vocês precisam ir.

Theo: Eu posso te buscar em casa, Gabi. Você não precisa colocar o pé no chão.

Cadu: *Manda *gif* de Edward Cullen pegando Bella Swan no colo.*

Malu: Olha, eu acho válida a oferta. Aliás, preciso dizer que havia várias pessoas, no nosso time e do outro, superquerendo virar o pé para pegar uma carona nos braços do Theodoro. Moleque, aquilo foi QUENTE!

Cadu: Vai lá, Malu. Deixa o menino sem graça!

Malu: Estou apenas compartilhando fatos.

Única

Theo: Minha irmã disse que isso ia acontecer. Porque alguém teve que compartilhar o que aconteceu, né?

Celeste: Eu tive que contar porque Philippa perguntou e eu não ia mentir pra ela. Ou omitir. Ou não compartilhar. Aliás, sua irmã pode vir almoçar conosco se quiser também, Theo. Acho que ela ia adorar conhecer a minha avó.

Theo: Ah, eu acho que ela iria sim. Mas a questão é, depois disso tudo: eu quero que isso aconteça?

Malu: Olha ele, todo fazendo piada. Ah, essas crianças me dão tanto orgulho!

Gabi: Não pode ganhar um jogo e já vira mãe-coruja do resto. Se manca, garota!

Cadu: Eu topo e vou pedir pro tio André deixar Gabi ir. E vou falar que a irmã do Theo vai passar pra buscar a gente e que ele vai carregar a filha dele no colo, então tá tudo bem. Aliás, melhor omitir essa parte.

Gabi: Cadu, NÃO LIGA PRO MEU PAI! Eu cuido disso!

Celeste: Então eu vou confirmar com minha avó, tá bom?

Cadu: Fechado!

Malu: Tá bom!

Theo: Sim. Vou falar com a minha irmã.

Gabi: Tá, mas eu dou certeza mais tarde.

Cadu: Céu, e o Bernardo? Ele vai também?

Malu: Quem é Bernardo?

Cadu: *Apaga a mensagem anterior.*

Capítulo 23

Gabi: Não adianta apagar porque a gente já leu. QUEM É BERNARDO?

Cadu (só para Celeste): Desculpa! Era para ter mandado só pra você!

Celeste (só para Cadu): Não tem problema. Elas podem saber.

Celeste (no grupo): É um garoto do São Joaquim que estava no jogo ontem. A gente tem um amigo em comum e ele falou conosco ontem. Não, eu não chamei nem vou chamar ele.

Gabi: Eita! Rolou alguma treta?

Celeste: Não. Só que esse almoço é para amigos. Eu nem conheço ele direito.

Malu: Saquei. Então tá certo. Manda o endereço aqui depois e bom sábado, pessoas! Gabi, toma tenência nessa vida e sossega o facho em casa, tá?

Gabi: Sim, chefa! Hoje eu tenho um encontro com Edward Cullen. Vou rever a saga *Crepúsculo* toda porque sou dessas.

Celeste mandou o endereço da avó e avisou a mãe que o almoço estava marcado. Sueli ia passar o sábado ajudando a mãe e avisaria quando estivesse com ela.

Chegando ao prédio de Rodrigo, deixou as roupas que usava por cima do maiô no mesmo lugar de sempre, colocou touca e óculos por cima dela e se dirigiu à piscina. Lá estavam pouquíssimas pessoas, como sempre nesse dia e horário, e a única que Celeste queria ver já estava dentro da água. Avistar o sorriso de Bernardo causou um tremendo solavanco embaixo do esterno de Celeste, aquele osso grosso que une as costelas e protege o coração.

– Como está a sua amiga? – Bernardo perguntou assim que Celeste sentou na borda da piscina (a que não era quebrada)

169

e colocou as pernas para dentro. Ele nadou até ela e apoiou os braços cruzados ao seu lado.

– Bem melhor, obrigada. Ela já está medicada e agora é só se cuidar mesmo. E como está a sua irmã?

– Ah, ela jogou bem e o time todo também. Mas seu amigo estava certo, o time de vocês é muito bom. Ela vai superar – ele disse e deitou o rosto nos braços cruzados, os olhos castanho-esverdeados olhando para ela.

– Eu não sabia que você estudava no São Joaquim.

– Eu também não sabia que você estudava no Santa Inês.

Eles riram sem graça um para o outro. Então, Bernardo disse "eu tenho uma ideia" e apoiou as mãos na borda, impulsionando o corpo todo para fora. Ele usava uma bermuda preta comprida de natação. Foi até um banco, pegou a touca e os óculos e voltou para perto de Celeste, que ainda estava sentada na borda.

– Que tal a gente apostar uma corrida em estilo livre? A cada borda, quem ganhar faz uma pergunta, mas os dois respondem.

– Tem que ser estilo livre?

– Tem, porque se for em *crawl* contra você eu vou perder sempre.

– Vai me dizer que você nada borboleta?

– Ah, por favor, para de me julgar antes de me conhecer! – ele disse enquanto colocava os óculos e pulava de volta dentro da piscina. Ele segurou a borda, apoiou os pés na parede da piscina e Celeste não demorou a seguir. Então começariam de costas? Tudo bem. Era sua segunda melhor modalidade.

– Pronta?

– Eu estou, mas e você? – Celeste perguntou, lembrando do tom que Gabi usava para desestabilizar o time adversário. Em troca, ganhou um sorriso desafiador de Bernardo, que, outra vez, fazia seu peito apertar.

Capítulo 23

Assim que as outras poucas pessoas que estavam na piscina notaram o que ia acontecer, nadaram para o lado para continuarem a se refrescar sem ficar no meio da competição. E lá foram eles!

Foi a segunda vez que Celeste gostou de estar envolvida em uma competição. Porque era divertido, sem torcida e valendo só como brincadeira. Se ela ganhasse outro sorriso, estaria ainda mais motivada a ganhar a próxima rodada.

Eles chegaram quase juntos na borda oposta e pararam ofegantes.

– Tá, não pensamos nisso muito bem. Precisamos de alguém para ver quem chega primeiro – Bernardo falou, mas os outros nadadores não estavam prestando muita atenção neles.

– Ou podemos simplesmente fazer perguntas. Você pode fazer a primeira.

– Isso quer dizer que eu ganhei?

– Não, isso quer dizer que eu estou deixando você fazer a primeira porque eu não sei ainda o que quero perguntar.

– Tá. Eu vou direto ao assunto, por favor, não me afoga. Você namora alguém? – Bernardo perguntou e baixou o rosto até só os olhos estarem acima da linha da água, claramente segurando o fôlego enquanto Celeste não respondia.

– Não – ela disse e ele voltou a se apoiar na borda e soltou o fôlego aliviado. – Achou que eu namorasse?

– Tá, assim que eu cheguei na escola e te vi com quem agora eu sei que são seus amigos, fiquei tenso. Pela *vibe* protetora deles, pensei que um deles poderia ser seu namorado. Ou ambos, sei lá. Não julgo. Mas aí o mais alto...

– Theodoro.

– Isso, Theodoro, saiu de forma heroica com sua amiga no colo e descartei essa possibilidade.

– Por quê? Ele não poderia ser namorado de outra pessoa e mesmo assim ajudar a Gabi?

– Poderia. Mas não do jeito que ele estava olhando pra sua amiga. Aliás, minha irmã deve estar escrevendo *fanfics* sobre os dois, porque ele foi muito heroico... eu já disse isso. Bem, tá todo mundo malhando hoje para poder ter o mesmo tipo de atitude se a ocasião surgir e ninguém puxar um músculo, sabe? Eu tô falando pelos cotovelos... fico assim quando estou nervoso. Enfim, aí imaginei que talvez o outro, Cadu, né? Mas depois descobri que temos amigos em comum e... Poderia ser uma das meninas do time também. Então só para ter certeza de que você é solteira. Uau, foi uma resposta longa.

– Foi. E não, eu não estou namorando ninguém. E você?

– Depois disso tudo você ainda acha que estaria? – ele disse rindo, seu rosto virando um tomate de tão vermelho. – Não, não estou.

O falatório de Bernardo em relação à resposta simples que ela lhe deu fez Celeste sorrir. Ele realmente parecia o Reid e ela estava começando a se divertir com as semelhanças.

– Posso fazer uma pergunta?

– Só se chegar primeiro – ele disse e ajustou os óculos novamente. Ela seguiu o movimento, mas se posicionou para nadar sua modalidade favorita.

– Ah, assim não vale! – ele gritou rindo e saíram em disparada de novo, mas desta vez Celeste chegou com folga antes de Bernardo.

– Pensei que você fosse uma sereia, mas não é. Você é um torpedo! Que velocidade absurda!

– Você conhece a série *Arquivos Criminosos*? – Celeste perguntou ao se apoiar na borda.

– Claro! Mas é essa a sua pergunta?

– Parte dela. Já te disseram que você lembra o Reid?

– O *nerd*? Já.

Celeste ficou muda. Bernardo falou tão rapidamente e de um jeito tão, tão sem cuidado que pegou Celeste de surpresa.

Capítulo 23

Não era só porque ela gostava muito do personagem, mas é porque ela se identificava com ele também. Então, desmerecê-lo era como falar mal dela. Ela sabia que não deveria atrelar sua personalidade à de um personagem fictício, mas era difícil se manter imparcial quando ele tinha ajudado tanto Celeste a navegar pela sociedade.

Bernardo notou o silêncio de Celeste e o sorriso que sumira de seu rosto e rapidamente correu para se explicar.

– Eu gosto dele! Eu gosto da série, mas é que... bom, crescendo, você quer ser comparado com o cara maneiro ou com o cara gato da série, e não com o *nerd*. Mas não dá para escolher com qual tipo físico você nasce, né?

– Não disse que vocês são iguais.

– Porque eu faço natação desde os 12 anos. Acredite em mim: se você tivesse me conhecido antes, entenderia a razão da minha resistência a essa correlação.

Celeste voltou a ficar quieta. Era óbvio que Bernardo havia sofrido algum tipo de *bullying* na pré-adolescência, algo que tornou essa comparação dolorida. Mas não era óbvio para Celeste, que se sentiu ferida pelo tom dele. Ela sabia que era besteira, mas quando a gente está gostando de alguém e eles pisam na bola, dói. E, ao mesmo tempo, Bernardo pareceu ter ficado com o coração na mão por ter falado tão rispidamente com ela, mas não sabia exatamente como consertar.

– Eu gosto muito do Reid. Ele é inteligente e tem peculiaridades que o tornam único. Não acho que ter ou não músculos tornam alguém mais ou menos gato. Gosto do Reid do jeito que ele foi interpretado pelo ator, que também é único. Sinto muito que você não goste da comparação.

– Não, não é exatamente isso e...

– Mas eu sinto muito mesmo assim. Porque eu ia te dizer que foi a primeira coisa que notei em você e que foi algo bom. Mas agora, se eu falar isso, você não vai gostar.

Única

E foi a vez de Bernardo ficar em silêncio e, sem ele se dar conta, um sorriso se abriu em seu rosto e o peito ficou mais leve.

– Ah, *é*? Eu não sabia.

– Agora sabe.

– Quer dizer que você notou meus músculos e me acha gato?

– Não falei isso... exatamente – Celeste respondeu, seu rosto queimando.

– Queria ter tido você por perto quando caçoaram de mim, uns cinco anos atrás. Era esse tipo de apoio que fez falta.

– Bom, eu estou aqui agora, mas eu gosto muito de *Arquivos Criminosos*, então talvez devêssemos mudar de assunto.

– De jeito nenhum. Pode falar o quanto quiser. Ainda mais se for para me comparar com o seu personagem favorito. Sou todo ouvidos – ele respondeu e conseguiu o que queria: Celeste sorriu.

Eles fizeram mais duas voltas na piscina, conversaram mais sobre coisas aleatórias – ela gosta de ouvir Taylor Swift e ele é fã de trilha sonora de filmes; a cor preferida dela é verde-água e a dele é laranja – e combinaram de se encontrarem de novo no sábado seguinte.

– E num dia desses, de repente a gente poderia dar uma esticada até o *shopping* para almoçar depois do nado. Que tal? – Bernardo perguntou um tempo depois, quando estavam caminhando para sair do prédio.

Celeste concordou só porque já tinha em mente aonde no *shopping* próximo poderiam ir sem tanta gente. Não queria que Bernardo já notasse todas as suas peculiaridades de cara. E se o assustasse? Então ela disse que sim sem entrar em detalhes, sem marcar datas, e eles se despediram.

O que Celeste não sabia era que Bernardo só não tinha voltado à piscina nos outros sábados desde que se encontraram porque teve que estudar a mais para provas, e a distância piorava a possibilidade de ele conseguir fazer planos rápidos.

Capítulo 23

Ela também não sabia que ele estava enfrentando inúmeras zoações de Rodrigo toda vez que perguntava por Celeste.

Bernardo estava louco para trocar números de telefone com ela para poderem conversar durante a semana, mas algo lhe dizia que ele tinha que ir com calma com ela (uma percepção sua, mas também palavras do Rodrigo, ditas ontem mesmo!). E eles já tinham avançado muito hoje, então estava trabalhando a empolgação para ir um passo de cada vez. Mas é claro que ele foi para casa e começou a pesquisar os melhores episódios de *Arquivos Criminosos* para rever.

Dona Emérita e Sueli trabalharam duro nas duas travessas de *rigatone* que fizeram para o almoço de domingo. Emérita fez questão de perguntar as restrições alimentares para os amigos de Celeste e – com exceção de abacaxi na salada de frutas (Gabi era alérgica) e nada de cebola na salada (Theo detestava) – a mesa estava posta.

– E se ninguém vier? – Celeste perguntou, sua mão apertando o pingente de estrela em volta do pescoço.

Esse é um trauma que ela carregava há anos e algo que sempre partiu o coração da sua família. No seu aniversário de 12 anos, ela convidou três coleguinhas mais próximas para um bolo na sua casa. Como não gostava de festas, a comemoração do seu aniversário sempre fora algo muito reservado. Naquele ano, ela tinha conversado um pouco mais com um trio de amigas do colégio e, apoiada pela mãe, convidou-as para um bolinho em casa. Sueli fez sanduíches e comprou salgadinhos, Emérita fez seu bolo favorito e... ninguém apareceu. Elas esperaram durante 2 horas e ninguém nem avisou que não viria. Naquela noite, Celeste se sentiu tão, mas tão sozinha que demorou muito para parar de chorar. Se elas tivessem avisado, não teria ficado tão chateada. Mas elas confirmaram e não apareceram. Agora, só em lembrar o que sentiu naquele dia, os olhos de Celeste se enchem de lágrimas. Ela não quer se sentir abandonada dessa forma de novo. Ela não quer se sentir assim nunca mais.

– Bem, se ninguém vier, nós três vamos comer e, o que sobrar, você vai levar em potes para seus amigos. Assim, vai ficar bem claro o que eles fizeram – Emérita disse enquanto acabava de colocar pratos e talheres à mesa. Então, foi até a neta e segurou com firmeza seu queixo.

– Você é o céu todinho. Se eles não vierem, diz muito sobre quem *eles* são. Você sabe quem *você* é. Entendido?

– E eles vão vir, Celeste. Seus amigos não vão te deixar na mão – Sueli emendou justamente quando o interfone tocou e um verdadeiro *tsunami* de alívio invadiu a sala e o peito das três.

– Desculpa a demora, Céu, mas essa aqui demorou horas pra ficar pronta! Eu quase dormi no sofá – disse Cadu apontando para Gabi, que andava devagar, apoiada entre Malu e Theo.

– Tenta se locomover com o medo que eu tô sentindo e depois você fala o que sente, seu mala – Gabi respondeu e foi sendo manobrada para passar pela porta.

– Oi, eu sou Philippa, a única adulta responsável por essa tropa. Prazer – disse a irmã de Theo ao passar pela porta carregando dois pacotes para a avó de Celeste. – É pão e mel. Os gregos antigos tinham uma tradição de, ao visitar uma casa pela primeira vez, levar esse presente. Eu não tenho nada de grega, mas gosto de ler, então...

– Ah, que gesto mais lindo. Obrigada, querida. Por favor, entrem, entrem – disse Emérita ao receber os pacotes e levar a molecada toda para a sala. Por último entrou Malu, indo direto para Celeste e envolvendo-a em um abraço, que foi retribuído.

– Desculpa a demora. A culpa foi mais minha. Esse povo todo veio junto e ficou me esperando, mas eu tive que conversar sobre nosso Projeto com a minha mãe. Demorou um pouco mais do que tinha planejado.

– Tá tudo bem? – Sueli perguntou.

– Tá, sim. Mas minha mãe é, como vou colocar isso de uma forma simpática, empolgada demais quando sabe que tem uma boa história para rodar. Convencê-la a aguardar o momento certo é complicado. Mas ela respeita.

– A senhora tem um banquinho, por favor? É para elevar o pé da Gabi – Theodoro pediu à avó de Celeste e ela foi buscar.

– Obrigada pelo convite, Céu. Dá para sentir o cheiro da comida lá do elevador. Tudo parece uma delícia, Dona Emérita – disse Philippa e se sentou ao lado do irmão, que agora elevava o pé de Gabi com cuidado e o pousava em cima de um banquinho listrado.

– Imagina! Eu adoro cozinhar e casa cheia assim é uma bênção. Então vamos comer porque aroma sozinho não enche barriga!

E comeram, falaram, trocaram histórias de infância – micos e conquistas –, dicas de filmes, atualizações sobre como estava indo o Projeto, tudo o que aconteceu no jogo de quinta, e muito mais. Bem, não exatamente tudo. Ninguém conversou sobre o que aconteceu na biblioteca no dia da chuva, e Cadu deixou de fora todo o papo que teve com Céu e Theo sobre namoro, mas pintou o sete ao contar como ele foi heroico ao resgatar Gabi. Ao ouvir isso, provavelmente pela milionésima vez, Theo fechou o rosto e resmungou um "ah, por favor". Gabi estava corada como um pimentão e Philippa não aguentou e se pendurou no pescoço do irmão em um abraço.

– Ai, meu *grumpy* mais fofooooo!

Ao ouvir o termo, Theo e Celeste trocaram olhares discretos que foram acobertados por Malu, que revelou como todo mundo só falava disso na torcida e no vestiário depois do jogo.

– A gente ganhou, foi um jogaço, mas o papo era só o *ship* aqui. Então aproveitei a deixa pra falar pra galera que acho muito bom geral ficar em forma. Porque a Gabi é levinha e Theo é forte, mas nem todo mundo é assim. Então, pessoas, bora malhar o *corpitcho* e não à vida alheia para poder protagonizar seu próprio momento romântico.

Celeste sorriu por dentro ao lembrar que Bernardo tinha falado a mesma coisa sobre os colegas do São Joaquim estarem malhando.

Capítulo 24

– Verdade. Eu não ia aguentar nem a Gabi no colo – Cadu disse e mostrou o braço magro.

– Ainda bem que não fui eu ferindo o pé. Quem é que ia aguentar meu 1,80 metro de grande gostosa nos braços? – Malu falou entre garfadas.

– Malu, se você ferisse o pé, mesmo que a pessoa apaixonada por você tivesse o corpo do The Rock, duvido que você deixasse ser resgatada assim. Sozinhos? OK. Em público? Você ia sair mancando, mas sozinha – Cadu completou.

– Primeiro, eu sou romântica também, tá? Posso muito bem sentar o braço no vôlei e gostar de flores, por exemplo. Me deixa com meus livros da Julia Quinn quieta aqui. E segundo, ninguém falou nada sobre estar apaixonado – Malu disse e olhou para Theo e Gabi, que estavam pensando em contas, fórmulas de Física ou qualquer outra coisa para evitar que seus rostos pálidos ficassem da cor da bandeira do Salgueiro.

– Aff, só maneira de dizer – Cadu salvou. – Agora muda de assunto ou o Theo vai explodir num ataque *revolts*.

– Acho justo, Malu – a avó de Celeste falou. – Na minha época, os papéis de moças e rapazes eram muito definidos e não tinha lugar para sermos nada além daquilo. Muita gente sofreu com isso. Hoje em dia, eu olho para a geração de vocês e vejo padrões sendo quebrados, padrões que nunca deveriam ter existido. Que bom que estamos caminhando para a frente.

– É isso aí! Abaixo o patriarcado! – Cadu falou e levantou a mão e Malu bateu em um *high five*.

– Eu detesto soar como uma adulta aqui, mas e seus responsáveis, o que fazem? – Sueli perguntou e foi uma enxurrada de respostas, começando por Philippa.

– Ah, os nossos têm uma profissão muito misteriosa e perigosa. Nem podemos falar muito a respeito, porque achamos que nossos celulares estão grampeados e... – ela começou séria, mas sua fachada de contadora de histórias estava falhando quando Theo interrompeu.

– Eles são dentistas – e a sala rompeu em uma gargalhada.

– Meu pai a senhora conheceu – Gabi deu sequência. – Mas minha mãe é quase o que Philippa falou: um mistério. Ela trabalha em uma empresa grande e viaja muito a trabalho. E meu pai é artista plástico, então acaba que fica bastante em casa e tudo funciona bem. Mas é difícil tê-la viajando tanto. A gente se fala por vídeo todo dia, mas não é a mesma coisa, né?

– Mas ela está tentando uma posição permanente, né? – Cadu perguntou.

– Sim, mas provavelmente se acontecer será fora do Rio. Aí, ela está esperando eu me formar para, se for o caso, a gente se mudar junto – Theo tomou um gole de água e rezou para que não notassem o quanto essa afirmação de Gabriela o desestabilizara.

– Meus pais se separaram quando eu era mais jovem.

– Nossa – Sueli disse e também tomou um gole de água. – Não deve ter sido fácil para nenhum de vocês.

– Não foi. Mas todo mundo está bem mais feliz agora e totalmente trabalhado na terapia. Enfim, minha mãe trabalha com comunicação e meu pai é técnico de um time de vôlei. Foi difícil pra mim no início, mas eles fizeram funcionar entre eles e comigo – explicou Malu.

Sueli ficou admirada com a naturalidade da garota. Algo que feriu a sua família, acabou unindo ainda mais a de Malu. Ao mesmo tempo que admirava a menina e seus pais, pensou em como tinha sofrido com o seu divórcio, em como ainda sofria e em como todas as suas inseguranças se mantinham à flor da pele por isso. E olhou ao redor da mesa para ver se alguém tinha notado seu silêncio súbito, se alguém tinha notado que ela, uma mulher adulta, estava se inspirando na força de uma jovem. Mas todos conversavam amigavelmente como a

Capítulo 24

coisa mais natural do mundo. E talvez fosse e talvez também se tornaria para Sueli.

No meio do papo, Cadu informou à família de Celeste que seu pai era psicólogo e sua mãe pediatra, o que fez Sueli se lembrar da conversa acerca do diagnóstico. Ela buscou algo no olhar da filha, mas só achou tranquilidade ali, no meio dos novos amigos. Ela estava lidando com a informação que Celeste havia compartilhado com ela sobre buscar um diagnóstico. Não havia falado sobre isso com a própria família, mas sim com a melhor amiga. Regiane, por sua vez, havia acolhido todas as dúvidas e todos os receios de Sueli e frisado que não, o divórcio não causou ou agravou qualquer condição que Celeste possa ou não ter. Ela é quem é e quer saber mais sobre isso. Tudo o que elas poderiam fazer é apoiá-la de toda e qualquer forma. Ao olhar ao redor da mesa, ela sabia que sua filha podia contar com eles também, embora não soubesse ao certo se eles sabiam de sua busca.

Então seguiram comendo, conversando e complementando as falas uns dos outros. Sueli mal podia acreditar em tudo o que ouvira, em quão diferentes eram todos uns dos outros e da sua própria filha. Mas como eles se complementavam perfeitamente.

A casa nunca esteve tão cheia de risadas e de energia. Por baixo da mesa, Emérita e Sueli apertaram as mãos em felicidade por Celeste estar conquistando seu espaço. Também por baixo da mesa, as mãos de Theo e Gabi se esbarraram algumas vezes, mais como uma tentativa de ver se poderiam ficar juntas. Antes da sobremesa, elas estavam entrelaçadas.

Hoje
(dia da apresentação do projeto)

capítulo 25

Celeste cruza o pátio da escola e se dirige ao auditório, onde serão realizadas as apresentações finais de cada Projeto. Cada grupo tem um tempo definido para tal, que é dividido entre preparação, a apresentação em si, deliberação da banca de professores e revelação da nota final. Essa semana foi inteira de apresentações de outros grupos e a ordem foi sorteada para ser justa. E o grupo deles é o penúltimo grupo do último dia.

Os alunos que já apresentaram seus projetos formam a plateia para os demais colegas e a atmosfera é de competição velada. Como vale nota, todo mundo quer arrasar na entrega, quer garantir que o seu projeto conquiste a maior nota possível. Todo mundo quer passar de ano, né? Mas hoje é diferente para Celeste. Para ela, é o final de uma maratona com obstáculos em caminho para a bolsa. Mas, mesmo assim, ela sente que é o início do restante da sua vida.

– Boa sorte, Celeste – diz uma pessoa de outra turma, que acena ao passar por ela.

– Vocês vão arrasar! – diz uma aluna integrante do grupo que apresentou ontem o projeto sobre diversidade, que foi incrível.

O grupo TEA no Ensino apresentou exemplos de neurodivergência em cada matéria. Em História, além de citarem diversas personalidades famosas que fizeram História com "H" maiúsculo e que poderiam ser neurodivergentes, como Albert Einstein e Marie Curie, mas que nunca tiveram o diagnóstico confirmado por este ainda não existir, também mostraram como hospitais (antigos manicômios) tratavam pessoas neurodivergentes com barbárie. Explicaram que, dependendo da neurodivergência, a pessoa precisa de

Única

pouco ou muito apoio e tipos específicos de tratamento, que podem ou não ser contínuos. Mas nada justifica ser tratado com violência e taxado como louco. Isso não é tratamento, é tortura e apagamento do espectro gigantesco da neurodivergência.

Em Geografia, conectaram com a questão histórica e mostraram dados demográficos por região no Brasil, explicando como são difíceis de interpretar corretamente porque o fato de haver uma maior quantidade de neurodivergentes por região não quer necessariamente dizer que essa ou aquela região tem mais propensão a essa população. Pode simplesmente significar que essas pessoas tiveram mais acesso a diagnósticos do que em outras regiões.

Em Matemática, demonstraram estudos em que pessoas com TDAH (transtorno de déficit de atenção com hiperatividade) e dislexia podem ter mais dificuldade de entender algumas matérias (o que também acontece em exatas), mas que muitas vezes são taxadas de preguiçosas ou "burras", quando, na verdade, são neurodivergentes não diagnosticadas. Ou seja, sofrem a vida toda por algo com o qual poderiam aprender a lidar de uma melhor forma se tivessem esse apoio no ensino. Elas podem aprender, mas fazem isso de uma forma diferente de pessoas neurotípicas.

Em Química e Física, apresentaram avanços científicos feitos para o diagnóstico de diversas neurodivergências e deram exemplos de cientistas que poderiam ser neurodivergentes.

Em Educação Física, mostraram atletas que têm TDAH e TEA e como eles lidaram com essas questões.

E, em Literatura, exemplificaram diversos personagens com características neurodivergentes, como Sherlock Holmes e Wandinha Addams (que apresenta características de TEA) e autores também, como Temple Grandin, que, além de ser uma pessoa no espectro, também pesquisa e escreve sobre autismo.

Cobriram todas as bases e hoje é a apresentação final e, no fim do dia, revelariam todas as notas. Todas já foram dadas e

Capítulo 25

computadas para evitar que Projetos fossem comparados uns com os outros e não avaliados por seus méritos individuais. Cadu se ofereceu para tentar *hackear* o sistema da escola e já matar a curiosidade antes da apresentação. Mas Malu achou melhor ninguém ser preso antes de se formar no Ensino Médio.

Durante o ano, além de trabalharem incessantemente no Projeto, estudarem para provas, ganharem e perderem jogos de vôlei, cada integrante do grupo teve as próprias provações. E hoje Celeste iria expor a dela para toda a escola. Eles conversaram sobre isso, a mãe e a avó de Celeste concordaram e a apoiariam se ela desistisse também. Mas Celeste estava pronta. Era o primeiro passo para longe de uma vida de dúvidas.

— Estou orgulhosa de você! – Sueli falou antes de ela sair de casa naquela manhã. – Aconteça o que acontecer, você é única e eu sempre, sempre vou estar ao seu lado. Nunca duvide disso, tá?

— Nunca duvidei, mãe – Celeste sorriu e abraçou a mãe, apertando-a contra o corpo e lembrando de todas as vezes em que se sentiu perdida ou com medo e sempre encontrou conforto nos braços da mãe. E, durante o ano, ela encontrou esse apoio no abraço de Malu, Gabi, Cadu e Theo. Seus amigos foram conquistados esse ano e estiveram ao lado dela durante os melhores e piores momentos. Agora, nos bastidores do auditório e com tudo já preparado, havia chegado a hora de apresentar sua maior vulnerabilidade para toda a escola.

— Vamos com tudo. A gente fez tudo o que precisava fazer, as notas já foram lançadas. Não importa se a gente não tirar a máxima. O que importa é a gente dar nosso melhor, como temos feito até aqui – começou Malu, com os braços ao redor dos ombros de todos, como uma rodinha do time antes do jogo.

— E o que quer que aconteça, além de termos nossa grande arma secreta, a gente vai te apoiar, Celeste – completou Gabi.

Única

– Você vai se formar com a gente ano que vem. E vocês sabem que quando eu cismo...

– Vamos nos formar juntos e vamos seguir juntos, mesmo que distantes – disse Cadu, sem saber que um dia a avó de Celeste havia falado a mesma coisa sobre a própria família.

– Sempre juntos, até a gente mudar de faculdade, conquistar prêmios Nobel e pódios em Olimpíadas – Malu completou.

– Pra sempre – Celeste disse, com a voz embargada.

– Pra sempre – completou Theodoro.

Para apresentar o trabalho, o grupo TEA no Ensino precisou da ajuda de alguns colegas de turma. Três pessoas distribuíram um *kit* para todos os presentes, alunos, professores e pais. O *kit* continha um marcador de livro em formato de xícara de chá com a palavra TEA e um *QR code* impresso atrás; e um par de abafadores de som, aqueles que pessoas geralmente usam para dormir em aviões ou quando dividem quarto com alguém que ronca.

Cadu diminuiu as luzes do auditório e começou uma projeção no telão antes de entregar o controle para outro colega. A exibição dizia "Por favor, não aplaudam". Gabi e Malu deram o OK das coxias e Theo e Celeste entraram no palco. Ao iniciar e finalizar cada apresentação, todos os presentes aplaudiram os grupos, mas o pedido feito não era só porque Theo e Celeste não gostavam desse tipo de barulho, mas era o início de um mergulho na neurodivergência antes mesmo de a primeira palavra ser dita por eles.

– Boa tarde. Meu nome é Theodoro e eu tenho TEA – transtorno do espectro autista. Ou seja, sou autista – Theodoro falou, com a voz grave e transmitindo certeza. Ele vestia o mesmo que todos do grupo: calça *jeans* e uma camiseta com a mesma xícara de chá estampada no peito.

Um burburinho tomou conta do auditório, mas se manteve baixo. Eles sabiam que isso ia acontecer, porque, durante o

Capítulo 25

ano, a cada apresentação, alunos da turma se surpreenderam com aspectos e sintomas das diversas formas do cérebro neurodivergente.

— Para vocês, sou CDF, *nerd*, gênio, diferente, estranho. Com exceção de gênio, sou tudo isso. Mas também sou autista. Nada disso me define, só me descreve. E hoje estamos aqui para falar sobre isso: entendermos e respeitarmos quem somos, mas não nos deixar rotular. Sou autista, mas também sou muito mais além disso.

— Meu Deus, ele é tudo de bom! – sussurrou Gabi da coxia, com os olhos brilhando de orgulho. Ela teve que segurar sua risada ao ouvir Malu falar no pé do seu ouvido "se controla, garota!".

— Ai, meu Deus, é agora! – Gabi completou e apertou a mão de Malu.

Celeste aguardou o burburinho diminuir e tomou o lugar de Theo à frente do microfone. Ele ficou ao seu lado e segurou sua mão. Ela suspirou, encontrou o olhar de sua mãe na plateia e disse:

— Boa tarde. Meu nome é Celeste e eu...

No meio do ano Letivo

O grupo TEA no Ensino se tornou inseparável. Além de trabalharem muito duro em todos os aspectos do Projeto e nas demais matérias que precisavam entregar para a escola, eles faziam tudo juntos.

Depois de semanas se encontrando na piscina do prédio de Rodrigo, Celeste e Bernardo finalmente trocaram telefones e começaram a se falar praticamente todos os dias. Só que demorou mais do que Bernardo tinha planejado para conseguirem sair juntos para almoçar. Quando finalmente aconteceu, Celeste sugeriu um restaurante escondido, em um corredor menos movimentado no pequeno *shopping* ali perto, e teve uma surpresa.

— Você está querendo me esconder? — Bernardo sorriu ao perguntar, mas Celeste respondeu séria. Era agora ou nunca, né?

— Você sabe que eu tenho problema com barulho. Por isso não entro em competições. Mas também não gosto de muita gente próxima. Eu uso fones com cancelamento de ruído nos jogos da escola.

— Eu vi.

— Esse é o lugar onde eu consigo ficar um pouco mais à vontade — Celeste completou e esperou a resposta de Bernardo.

Embora ela não achasse que ele fosse responder de uma forma ruim, já tinha experiências anteriores o suficiente com vulnerabilidade para não criar expectativas. Mas elas já estavam criadas! Então, quando Bernardo apoiou os cotovelos na mesa e pegou as mãos de Celeste entre as dele, ela pensou que o coração dela fosse sair do peito.

– Então acho que devemos abrir uma conta, porque vamos virar clientes, né? – ele respondeu, com os olhos castanho-esverdeados brilhando.

– Eu disse que ela estaria aqui! Quando é que você vai me ouvir? – Celeste ouviu a voz de Cadu soar no corredor do *shopping* e esperou que Bernardo fosse soltar suas mãos rapidamente, mas ele não as soltou.

– Eita! Oi e tchau! A gente se fala depois, Céu! – Gabi falou ao avistá-los, depois virou de costas e começou a arrastar Cadu de volta, mas ele lutava contra a amiga e teimava em chegar até a mesa onde estavam Celeste e Bernardo.

– Eita! Ah, a gente se fala depois – repetiu Malu, que veio pelo outro lado do corredor e também viu os dois de mãos dadas.

– Vocês querem se sentar com a gente? A gente puxa uma mesa – Bernardo sugeriu, ainda segurando as mãos de Celeste.

– O que aconteceu para vocês aparecerem aqui assim? Tá tudo bem? – Celeste perguntou e Cadu sentou ao seu lado depois de arrastar – ruidosamente – uma cadeira até a mesa.

– É o Theo. Ele... é... ele tá com uma parada que precisa da sua ajuda. Mas pode esperar – Cadu disse, claramente improvisando. Bernardo soltou as mãos de Celeste e olhou para Malu e Gabi. Malu o estava examinando de cima a baixo e Gabi levantava as sobrancelhas para Cadu (ou seria para Celeste?) tentando falar algo sem palavras. Mas parou repentinamente quando encontrou o olhar divertido de Bernardo.

– O que aconteceu com o Theodoro que parece urgente, mas pode esperar? – Bernardo perguntou, mas já sabia a resposta. Só Celeste ainda parecia perdida.

Ficaram em silêncio por alguns segundos, provavelmente tentando inventar uma desculpa, quando o próprio Theo apareceu, vindo pelo caminho feito por Malu.

–Ah, encontraram os dois. Excelente. Podemos ir almoçar agora? – Theo perguntou e Gabi virou para o lado para

Capítulo 26

tentar não rir enquanto Malu congelou e Cadu soltou uma gargalhada.

– O que está acontecendo? – Celeste perguntou, genuinamente confusa.

– Eu acho que os seus amigos vieram verificar se eu sou legal e não estou tirando vantagem de você – Bernardo falou e Cadu começou a tossir.

– Você não está, correto? – Theodoro respondeu, dando um passo adiante, parecendo muito ameaçador. Gabi foi para o seu lado e enroscou seus braços em um dos dele.

– Não, Theo. Bernardo é legal. E dá valor à vida – ela falou e Theo relaxou os ombros, com uma das mãos apoiando nas de Gabi. Ela, por sua vez, se voltou para Bernardo. – Se você tentar qualquer coisa que Céu não goste ou permita, eu juro que te quebro todinho. – Gabi disse, parecendo um gatinho zangado.

– E eu acredito – Bernardo falou sério. – Mas sério, sentem aí e bora almoçar juntos. Assim vocês podem ver que eu, assim como vocês, só quero o melhor pra Celeste.

E no lugar de dar privacidade ao casal de jovens que estavam saindo juntos pela primeira vez, os quatro puxaram outra mesa e sentaram para almoçar com eles.

Não só Bernardo passou na avaliação do grupo, como acabou se tornando um membro honorário dele. Eles fizeram outro grupo no aplicativo para adicioná-lo e foi ótimo, pois sendo um ano mais velho Bernardo deu várias dicas sobre matérias que eles ainda teriam e ajudou como pôde no Projeto deles.

Em um ano bem turbulento, os amigos se tornaram um porto seguro uns dos outros. E uma das tormentas que enfrentaram aconteceu em junho, no aniversário de Cadu.

A grande preocupação dos pais de Cadu era sua vida social, porque ele sempre teve Gabi como amiga de "carne e osso", mas todos os demais eram virtuais, pessoas que jogavam *on-line* e que, por mais que alguns estudassem na mesma escola, só se falavam *on-line*. Mas desde o início do ano, quando começou a andar com Malu e com Theo e Celeste também, Cadu tem saído mais de casa e jogado menos. Claro que ainda virava algumas noites em *raids* e gastava parte da mesada comprando *skins*, mas sua vida *off-line* começou a ficar muito mais animada do que a *on-line*, algo que Cadu nunca pensou que aconteceria e que seus pais estavam muito aliviados por ter acontecido.

Até sua festa de aniversário. Os pais de Cadu cismaram em fazer uma reunião de amigos em casa para o aniversário dele. Ele não queria festejar e tinha ficado a semana toda muito quieto. Mas os pais insistiram e, como Celeste ainda tinha que conversar com eles, Cadu quis aproveitar o momento para ajudar a amiga. Então topou só chamar o grupo de amigos para uma tarde de jogos, comida e jogar papo fora. Ele só queria isso. E foi assim que a tarde começou.

Malu e Gabi jogaram *Galera Tombada* até quase caírem da cadeira de tanto rir. Já Theo e Cadu jogaram *Cavaleiros do Forte* contra uma galera do São Joaquim. Bernardo jogava uma partida com eles e uma partida contra para não ficar mal com a galera da própria escola também. E como Celeste não se interessava por *videogames*, ficou sentada na frente da estante de livros de Cadu com Philippa ao seu lado.

– Você tem cada livro incrível aqui, Cadu, meus parabéns! – Phillipa disse enquanto passava os dedos pelas lombadas com o mesmo carinho como quem faz um cafuné em um bichinho de estimação. Ela começou a notar alguns títulos: *Enquanto eu não te encontro*, de Pedro Rhuas; *Um milhão de finais felizes*, de Vitor Martins; e *Conectadas*, de Clara Alves. Todos romances incríveis, todos leituras deliciosas com temática LGBTQ+.

Não é porque Philippa era a única adulta ali, até porque ela tinha uns quatro ou cinco anos a mais do que os demais, o que não era tanto. Mas ela sabia o que a estante de livros de uma pessoa indicava. Não era apenas sobre gosto literário

Capítulo 26

ou afinidade por histórias, nossos livros são um espelho para quem somos, para o que gostamos e para quem buscamos ser. E ao ver esses títulos, um do lado do outro e num lugar um pouco mais escondido da estante, Philippa suspeitou que Cadu sabia quem era, mas talvez não estivesse pronto para assumir tudo o que era para todos. Tudo o que ela poderia fazer era dar a si mesmo o máximo de certeza de que ele era amado e valorizado, independentemente de revelar mais de si ou não.

— Molecada, vocês vão ficar de boas? Porque eu vou partir — Vários "aham" e "claro" vieram de vários consoles, ou seja, totalmente ignorando a saída de Philippa. Ela andou até Cadu, passou um braço pelo pescoço dele e beijou sua têmpora — Feliz aniversário, Cadu. Você é um lindo! Vou mandar um livro de presente para a sua conta da livraria *on-line*, tá? Aí você pode ler no seu telefone.

— Obrigado! Mas não precisa — ele disse, tentando tirar os olhos da tela para agradecer, mas não querendo que seu personagem morresse no jogo.

— Relaxa. Dar livros de presente é um presente pra quem recebe e pra quem dá. Beijos, ser humaninhos. Amo vocês. Theo, me liga quando quiser que te busque, tá? Céu, te dou carona se quiser também.

Enquanto Celeste agradeceu e se despediu, um "aham" foi toda a resposta que Philippa recebeu do irmão. Segundos depois, começou o início do caos.

— Mas que idiota! — Bernardo falou ao ler os comentários de um dos meninos que estavam jogando com eles. Bernardo, Theodoro e Cadu já tinham mudado de jogo e formavam um time. O time adversário contava com um menino que Bernardo conhecia e que Cadu detestava, outro que ambos curtiam (Cadu curtia muito!) e a irmã de Bernardo. Quando as ofensas a Cadu começaram, a irmã de Bernardo começou a discutir com o colega.

– Foi mal, cara. Minha irmã é da turma dele e vai dar um sacode nesse idiota – Bernardo falou e a briga escalou *on-line*. No momento, Cadu só rezava para os comentários deles não chamarem a atenção de Malu e muito menos dos pais.

– Qual é a necessidade disso? – Theo perguntou aleatoriamente ao ler as ofensas, que chegavam todas em capitulares agora.

– Ah, esse garoto é um estúpido. Além de machista e homofóbico, não sabe perder. Ah, lá. A Bruna tá dando uma surra verbal nele. – Bernardo falou, largando o controle.

– Chega. Não acho que quero jogar mais isso – Cadu disse e deslogou. – Não quero ser daqueles "a bola é minha, joga quem eu quiser", mas ninguém merece ficar ouvindo isso. Ainda mais no meu aniversário. – Cadu disse e tentou deixar para lá, mas Bernardo estava muito, muito alterado. Ele já estava pendurado no celular.

– Não vai ficar assim, não. Vou reportar esse cara. Quero ele banido do jogo – Bernardo falava enquanto mandava mensagem para alguém.

Cadu começou a entrar em pânico. Gabi e Malu ainda não tinham notado o que estava acontecendo, rindo demais jogando *Galera Tombada*, e Celeste estava lendo uma edição de *Frankenstein* que Cadu nem lembrava que tinha.

– Deixa pra lá, Bê. Querer tirar *trolls* da internet é igual a querer tirar xixi de piscina – Cadu falou.

– Infelizmente, você está certo. Mas a gente conhece esse cara, Cadu! Ele vai à aula com a minha irmã. E o Gustavo é nosso amigo. Por que ele anda com quem o odeia eu não sei. Isso não é saudável!

Nessa hora, todo mundo parou e olhou para Bernardo. Celeste franziu a testa, pegando a conversa no meio, e tanto Malu quanto Gabi se viraram. Cadu não conseguia respirar. Fazia meses, talvez anos, que estava se preparando para assumir

Capítulo 26

a totalidade de quem ele era, mas nunca achava ou a hora certa, ou a coragem. Ele queria que os pais soubessem, foi por isso que tinha estado tão quieto nas últimas semanas. Ele queria contar, queria que os amigos soubessem, porque ele sabia quem ele era e não queria ter medo ou vergonha disso. Não tinha, mas o "não assumir", de uma certa forma, o mantinha refém. Era por isso que ele sentia estar nessa situação agora.

Então ele resolveu que não, que ele não iria ser "retirado do armário" ou de lugar algum. Ele ia contar a própria história. E hoje, no dia do seu aniversário, seria o início desse capítulo.

– O que aconteceu? – Gabi perguntou.

– Um garoto ofendeu Cadu *on-line* e Bernardo está tentando expulsá-lo do jogo – respondeu Theo e, em um piscar de olhos, Gabi e Malu tinham largado os controles do jogo que estavam jogando e estavam flanqueando Cadu.

– O que eles disseram? – elas perguntaram ao mesmo tempo.

E foi aí que Bernardo se deu conta. E Theodoro se deu conta. E Cadu se deu conta de que eles tinham se dado conta. O menino tinha ofendido Cadu não por chamá-lo de *gay*, porque isso não era ofensa, mas o xingado de várias coisas em cima disso. Só que Theo e Bernardo agiram como se isso fosse algo que todos soubessem. Não era. Não abertamente, pelo menos.

Eles olharam para Gabriela, que tinha os olhos claros arregalados. Ela piscou, limpou a garganta, olhou para Cadu e ele sabia que ela ia fazer algo para defendê-lo. Não precisava, ele já queria falar sobre o assunto faz tempo, mas não sabia como. Até que soube.

– Não se preocupa, Malu. Esse cara está acabando com a nossa noite só porque ele tem problema com quem não é hétero como ele – Cadu começou. – Provocou a maior briga *on-line* só porque ele não só não aceita, como faz questão de ofender quem é como eu e o Gustavo e tantas outras pessoas.

Única

Três segundos de silêncio entre todos. Cadu abriu um sorriso tímido. Pronto. Ele tinha simplesmente dito. Porque, no fundo, achava que não deveria ser diferente. O que ele não esperava era o posicionamento de Malu, que veio logo em seguida.

– Ah, que absurdo! Ninguém merece! – Malu disse, respirou fundo por 3 segundos e completou. – Sua irmã está tomando providências, certo? – Ela perguntou para Bernardo, que assentiu. – Ótimo. Agradece a ela por todos nós. E você está bem, Cadu?

– Zangado com isso, mas de boas com vocês – Cadu respondeu e sorriu por sentir que isso era a mais pura verdade.

– Legal... ninguém deveria ser atacado por ser quem é – Malu continuou, seu rosto ganhando um pouco de cor e Cadu não sabia se era porque ela estava zangada por ele ou porque estava prestes a abrir para os amigos uma parte de si que ela ainda não tinha revelado. – Eu, bom, já que estamos no assunto... eu gosto de ler romances, mas ainda não sei como me sinto sobre isso na vida real... e tá tudo bem. Não estou com pressa de descobrir.

– E não deveria ter pressa mesmo. Pra quê, né? – Gabi complementou.

– Vocês querem pedir *pizza*? – Malu perguntou, como se toda essa troca não tivesse sido uma das mais sérias e intensas que eles já tiveram. Ela se levantou, deu um beijo na bochecha de Cadu e buscou o celular.

Aquilo foi, no mínimo, inesperado. E Cadu poderia ter abraçado Malu naquele momento. Celeste, sem se dar conta da magnitude daquela troca – ou simplesmente achando tudo muito normal –, destacou que estava com fome, mas pediu que não incluíssem cebola no pedido, já que sabia que Theo não gostava delas.

Bernardo, por sua vez, não sabia onde colocar a cara. Sentou-se na cama de Cadu e apoiou o rosto nas mãos. Cadu tinha que fazer alguma coisa. Esses eram seus amigos e ele

Capítulo 26

não queria ficar pisando em ovos com eles, não mais. Theo estava congelado, seu semblante era de quem estava fazendo contas mentalmente e Cadu sabia que ele estava lembrando de quando discutiram no início do ano, antes de pensarem em fazer o Projeto juntos. Nossa, parecia um milênio atrás, uma outra vida vivida por pessoas completamente diferentes.

Mas antes que Theo pudesse abrir a boca e falar algo que fosse explanar um momento ainda mais vulnerável dele, ele sabia o que precisava fazer: falar com os pais.

– Vamos lá embaixo me ajudar a escolher as *pizzas*, pessoas? A gente pode comer na varanda – Malu falou e começou a puxar os amigos para sair do quarto, deixando Cadu a sós no andar de cima da casa.

– Na varanda? Mas é junho. Está frio e... – Celeste comentou levantando e levando o livro consigo.

– A gente come perto da varanda então, na sala. Bora! – Malu deu o comando e todos levantaram e saíram.

Devagar, Cadu saiu do quarto e se dirigiu ao de seus pais. Ele não fazia ideia do que ia acontecer e não sabia se estava mais feliz pelos amigos estarem em casa e poderem ajudá-lo caso as coisas fossem mal ou se era pior eles serem testemunhas.

Falando a mais completa verdade, ele sabia que não teria problemas com os pais. Eles já haviam conversado sobre sexualidade várias vezes antes – com uma mãe pediatra e um pai psicólogo, era impossível evitar algumas conversas! –, e ele sabia que, no fundo, tudo ia ficar bem. Mas não existe preparo para isso, não existe 100% de certeza quando o assunto não é o que aconteceu com um paciente ou com o filho do Fulano, mas sim quando é com você. E, na boa, é muito difícil falar sobre sexualidade com os próprios pais.

Ele bateu a porta e a abriu devagar, encontrando os pais assistindo à TV. Ao vê-lo, o pai de Cadu tirou o som da televisão e ambos o encararam.

— Meu bem — começou sua mãe, com a voz tranquila e controlada — Está tudo bem?

Estava? Estaria, com certeza, em algum momento. Só que Cadu não conseguiu responder, não imediatamente. Então, tomou fôlego, entrou no quarto e, depois de fechar a porta, seguiu a mesma postura que tomou com os amigos: simplesmente disse.

— Tá, sim. Mas rolou uma questão com um garoto no jogo que estávamos jogando e... bom, eu quero falar para vocês algo que acho que já sabem, mas que eu quero dizer com todas as palavras...

No andar de baixo, Malu já tinha pedido as *pizzas* (sem cebola) e andava de um lado para o outro, como uma leoa enjaulada. Bernardo estava sentado do lado de Celeste. Enquanto ela lia, ele seguia trocando mensagens com a irmã no celular. Gabi estava com os braços ao redor do corpo e, de vez em quando, roía uma unha. Theo estava sentado em uma poltrona, com os olhos fixos na escada.

— Vai vir torta de climão com a *pizza*? Porque eu posso servir — Bernardo falou e enfiou o rosto nas mãos. — Cara, que bola fora!

— Não foi por mal — Gabi respondeu.

— Você sabia, né? — Malu perguntou e Gabi fez que "sim" com a cabeça.

— Não era meu segredo pra contar — Gabi respondeu e Malu concordou.

— Ainda não acredito que tudo isso aconteceu porque um idiota na internet o xingou. Quantas pessoas passam por isso todo santo dia? Sério, as pessoas estão muito sem-noção — Bernardo reclamou.

— Todo mundo julga tudo e acha que tem direito a dar opinião sobre a vida alheia — Malu respondeu. — Se as pessoas não

Capítulo 26

têm algo positivo a dizer, deveriam ficar caladas. A "opinião" aleatória de uma pessoa sobre a vida que não é a dela não é válida. Ponto-final!

– E dói ainda mais quando a gente sabe que pessoas tão doces como o Cadu são o foco de tanto ódio. Esse povo precisa ir fazer trabalho voluntário, já que estão com tanto tempo nas mãos – Gabi completou.

As *pizzas* chegaram e ela foi até a guarita para recebê-las. Uns 20 minutos depois, ouviram passos na escada. Os pais ficaram no andar de cima para dar espaço ao filho, e Cadu estava com o rostinho inchado, porém sorridente. Gabi correu e se pendurou nele, abraçando-o apertado.

– Tá tudo bem. Foi choro de alívio. Eu já deveria ter feito isso faz tempo. Eles sabiam, mas queriam ouvir de mim, como eu suspeitava – Cadu disse, com a voz abafada pelo abraço de Gabi.

– Vem cá, vem – Malu disse e abriu os braços, praticamente se dobrando ao redor do amigo.

Aos pouquinhos, a tensão de tudo o que aconteceu foi se desfazendo. Olhando pelo lado positivo, tudo tinha dado certo e ele não tinha mais medo, mais nenhum segredo. Ele tinha começado a ser exposto, mas tomado as rédeas da narrativa para si. Quantas pessoas não conseguem fazer isso ou são impedidas? Ele fora protegido pelos amigos, acolhido pelos pais. Quantos são feridos, excluídos pela família só por amar quem amam, por serem quem são?

Bernardo, que a cada duas palavras três eram formas de se desculpar, avisou que a irmã e o amigo conseguiram mandar um pedido de bloqueio para o servidor do jogo. Ninguém sabia se ia dar certo ou não, mas pelo menos tinham feito alguma coisa.

– Gustavo me falou que acabou de bloqueá-lo no celular, no jogo, na vida! Bom pra ele – Bernardo falou, guardando o celular no bolso. – Ele disse que a Bruna mandou tanto áudio berrando desaforos que está rouca. Ela o bloqueou também. Na segunda-feira, vou dar uma palavrinha com ele na escola.

– Se precisar de ajuda para esconder o corpo... – Malu levantou a mão e Bernardo bateu, rindo. – Mas sério, só cuidado porque essa galerinha tinhosa tem uma veia artística para se fazer de vítima. Não vai ser suspenso pela idiotice alheia...

– Não, não... para ser suspenso eu teria que ser pego antes – Bernardo riu de novo. – Sério, vou deixar algumas coisas bem claras. Não dá para ignorar algo assim. E não, não vou jogar mais com ele também. Não dá para ser conivente, cara. Não dá.

Depois do jantar, os pais de Cadu desceram para cantar o "parabéns". Cadu se sentia mais leve, mais seguro. E só de saber que o *troll* ia tomar um sacode verbal já o deixava feliz. Era apenas um em um oceano de gente má, mas se dava para cuidar de um, já valia, né?

Antes de irem embora, Theo pediu para dar uma palavrinha com Cadu em particular. Todo mundo se despediu e deixou os dois na sala para um papo que Cadu não tinha ideia de onde iria parar. Mentira, ele tinha uma ideia sim.

– Theo, se é sobre o início do ano.

– É sobre o início do ano.

– Tá tudo bem. Não se preocupa.

– Não está tudo bem, Cadu – Theo falou, com a voz dura, sentida. – Eu notei a sua atenção e respondi de forma muito grosseira. Mas eu não tinha entendido direito e... bem, eu fui um idiota.

– Eu já esqueci – Cadu mentiu para aliviar a barra de quem realmente virou um grande amigo.

– Mas não justifica ter passado por isso. Quero te pedir desculpas. Eu não precisava ter sido grosseiro e...

– Theo, você foi cruel sem entender que estava sendo – Cadu finalmente encontrou sua voz. – Eu pensei que você estava

Capítulo 26

interessado e não entendi que estava vendo coisas onde não existiam. Porque você não entendia que estava mandando essas mensagens. Eu sei disso agora. Também te achei cruel e não falei isso com todas as palavras. Aprendi que preciso fazer isso.

— Às vezes, as coisas mais simples não computam pra mim e me sinto estúpido e... você não tem culpa de nada disso e sinto muito se te fiz sentir péssimo — Theo finalizou e soltou um grande suspiro.

Era frustrante não entender por completo todos os traquejos sociais, todas as nuances de viver em sociedade. A pessoa pode ser a mais inteligente em uma sala, tirar as notas mais altas, ter respostas para tudo, mas não conseguir identificar quando alguém está tirando sarro da sua cara ou está interessado em você. Tudo para Theodoro precisava ser mais explicado e talvez seja por isso que esteja funcionando bem – embora que lentamente – com Gabriela. Porque ela entende suas limitações e explica o que sabe que ele precisa.

— Lembra da nossa conversa sobre consentimento? Ainda bem que eu perguntei antes. Imagina se, na época, tivesse apenas te dado um beijo do nada – Cadu comenta e vê os olhos de Theo se arregalarem.

— É, eu definitivamente não teria reagido bem.

— Mas, mesmo assim, você não contou pra ninguém. Poderia ter contado, me exposto, e não o fez. Olha a diferença de você para aquele idiota da internet, Theo.

— Desculpa interromper, mas Philippa chegou, Theo – comentou Gabi da porta. Ela deu mais um tchauzinho pra Cadu e voltou a sair.

— E aí? Já perguntou pra ela se pode beijá-la? – Cadu disse.

— Eu não seria um cavalheiro se te respondesse a essa pergunta – Theo disse ao começar a andar em direção à porta.

— Então tá – Cadu disse sorrindo e deu um tapinha nas costas do amigo, que foi se juntar aos demais.

Única

À noite, depois de tudo, o celular de Cadu apitou indicando que ele tinha recebido uma mensagem. Era o livro que Philippa tinha mandado de presente. Ao ler o título, seu coração deu um pulo: *Vermelho, branco e sangue azul*, de Casey McQuiston. A mensagem de Philippa dizia: "Esse é um preferido meu. Espero que goste, porque Alex e Henry são tão maravilhosos quanto você! Boa leitura!".

Cadu esfregou os dedos nos olhos para desembaçar a visão e começou a ler.

— Mãe, pai, eu preciso perguntar uma coisa pra vocês – Cadu falou ao entrar na cozinha um dia, pouco antes das férias do meio do ano.

— Claro, meu bem. Do que você precisa? – disse sua mãe ao colocar café na caneca.

Cadu sentou à mesa da cozinha com seus pais. Depois de tudo o que aconteceu no mês passado, e com tudo o que tem acontecido na vida deles – congressos, plantões, Projeto –, o pedido de Celeste para falar com seus pais acabou não conseguindo ir para a frente. Mas agora eles iam entrar de férias e teriam mais tempo para isso.

— Por que você não convida a Celeste e a mãe dela para a gente tomar um café? Podemos conversar sobre as dúvidas dela durante as férias de vocês. Passa o meu telefone para ela passar para a mãe dela. A gente combina.

Cadu concordou e a amiga recebeu a notícia com alívio e um sorriso no rosto. Ficou tão feliz que chegou a abraçar Cadu apertado por 2 segundos antes de soltar, algo que ele sabia ser raro de acontecer. Celeste prometeu falar com a mãe e avisar Cadu sobre possibilidades de horários.

Os últimos dias antes das férias foram, como sempre, uma loucura. Muitos trabalhos de última hora sendo entregues, Malu surtando sobre treino nas férias para não deixar o pique do time se abalar e Gabi quase soltando fogos de artifício porque sua mãe tinha voltado para casa pelo que parecia ser o restante do ano. Então todos combinaram de se encontrar na casa da Gabi para uma maratona de filmes no início das férias.

Celeste foi para casa com o peito explodindo de felicidade. Ela mal podia esperar para contar para a mãe sobre se encontrar com os pais de Cadu. Mas assim que chegou em casa encontrou a mãe chorando mais uma vez. Sueli não conseguiu esconder e Celeste não teve tempo de se preparar, então ficaram as duas ali, se encarando por segundos na sala, a porta ainda aberta atrás de Celeste, as chaves ainda na sua mão, e Sueli sentada no sofá, exausta, com os olhos vermelhos.

Rapidamente, ela passou a mão no rosto para tirar as lágrimas – o que só fez esparramar o rímel preto –, e abriu um sorriso para Celeste.

– Oi, Céu. Chegou rápido hoje – ela disse, a voz tão cansada quanto o seu semblante.

– O que aconteceu? A vovó está bem? – Celeste perguntou ao bater a porta atrás dela sem olhar e andar rapidamente até a mãe.

– Ah, a sua avó está ótima! Graças a Deus! Não se preocupe – Sueli disse e fungou.

– Arnaldo disse alguma coisa que te chateou? – desde a questão com a pensão, Celeste passou a chamar o pai pelo nome próprio. Se ele abrira mão de ser pai, ela também abrira mão de ser sua filha.

Sueli não conseguiu responder de pronto. Respirou fundo algumas vezes até conseguir controlar a voz, encontrar as palavras.

– Estou lutando na Justiça pela pensão. E tem sido... desgastante. Mas vamos conseguir, temos tudo do nosso lado. Mas dói... não se preocupa com isso, Céu. Não quero você pensando nisso, tá bom? Vem cá – Sueli chamou abrindo os braços e Celeste mergulhou neles, abraçando apertado a mãe como amava fazer.

Capítulo 27

— Minha menina linda. Você é meu coração todinho – Sueli sussurrou e deu beijos no topo do cabelo curto da filha.

— Mãe, eu não queria que você estivesse triste, mas eu preciso conversar com você – Celeste falou ao se ajeitar no sofá do lado da mãe.

Sueli era uma mulher de quase 1,70 metro e um pouco mais quando usava os saltos para trabalhar. Mas Celeste nadava desde cedo e já tinha passado a altura da mãe. Agora, vendo a mãe sentada no sofá, abatida, ela parecia tão pequena, tão frágil. E Celeste não queria piorar as coisas, mas ao seu ver o que ela tinha para falar seria importante para as duas.

— Cadu conseguiu arrumar um horário com os pais dele para irmos conversar sobre diagnóstico. Quer dizer, eles acham que é só para o Projeto, mas... – ela olhou no fundo dos olhos da mãe. – Vamos?

— Claro, meu bem – Sueli respondeu, sorrindo. – Quando você quiser. Eu dou um jeitinho no trabalho. Não podemos deixar essa oportunidade passar.

E foi como mágica: toda aquela exaustão que o ex-pai de Celeste estava causando em sua mãe não evaporou, mas foi aliviada por essa notícia. Ela achava que ia preocupar ainda mais a mãe, mas teve o efeito contrário. Ter esse primeiro passo foi uma movimentação importante tanto para Celeste quanto para a pequena família delas. E isso já contava e valia muito.

Celeste e Sueli chegaram à casa de Cadu para um café da manhã tardio no primeiro dia de férias. Além de serem muito bem recebidas pelo casal, Sueli se sentiu automaticamente acolhida por eles. Entendia como era fácil seus pacientes confiarem seu bem-estar e sua saúde a esses dois e compartilhava do sentimento.

– Bem, eu tenho pesquisado bastante como o diagnóstico de TEA funciona e queria falar com vocês a respeito disso – disse Celeste, sentada na bela varanda do casal, ao lado da mãe.

– Nós sabemos o que é preciso para realizar um diagnóstico de TEA – o pai de Cadu falou. – Ou melhor, nós sabemos na teoria e, mais importante do que isso, conhecemos profissionais que sabem na prática.

– Explicamos ao Cadu que ajudaríamos como possível no Projeto de vocês, mas isso é somente sobre o trabalho da escola? – perguntou Dra. Eunice.

– Não. É para mim também.

Celeste explicou que sempre se sentiu diferente, "peculiar", como a avó sempre a chamou. E que nunca teve e segue não tendo problemas com isso. Mas nem sempre é fácil para ela entender a razão de não pensar igual aos amigos, de não compreender certas coisas que parecem simples para eles, mas que para ela é pior do que tentar desvendar hieróglifos no escuro. Ela falou sobre o trabalho deles, sobre como ela é igual e diferente de Theodoro, como ambos são considerados alguns dos melhores alunos de toda a escola, mas como nenhum dos dois consegue identificar metáforas e sarcasmo de primeira nos livros que leem (aliás, Philippa tem ajudado muito com isso).

– Eu sei que ter um diagnóstico de autismo não vai me definir nem me rotular, mas eu preciso entender por que eu sou como eu sou – Celeste finalmente falou.

Sueli achou que era impossível ter mais orgulho do que já tinha de sua filha, mas estava errada. A forma como explicou para os pais de Cadu tudo o que vinha a afligindo, tudo o que achava e que queria descobrir. Sua filha não estava doente, incompleta ou quebrada. Ela era perfeita, única.

– Celeste, antes de qualquer coisa, eu quero dizer que sinto muito que você tenha chegado à adolescência sem um diagnóstico – Dra. Eunice disse. – É um temor que professores

Capítulo 27

e profissionais da saúde não estejam mais aptos a identificar e lidar com neurodivergência. E nos incluímos nessa questão.

– Com certeza – completou Dr. Cid. – Nós temos colegas que trabalham especificamente com autismo e já vimos diagnósticos errados e inconclusivos. É algo muito difícil de se avaliar, principalmente em pessoas da sua idade ou adultas, mas não é impossível.

Dra. Eunice e Dr. Cid explicaram tudo para Sueli e Celeste: como o diagnóstico é multidisciplinar e exige tempo e acompanhamento. Ele exige um psicólogo especializado em autismo ou um neuropsicólogo para avaliação e um neurologista ou psiquiatra para o diagnóstico formal.

– Nós podemos ajudá-la a encontrar os profissionais que poderão lhe orientar. O Sistema Único de Saúde começou a cobrir, mas a fila é enorme e muito demorada, infelizmente. Então o que pudermos fazer para diminuir os custos com profissionais no âmbito particular, faremos. Nós insistimos.

– O que puderem fazer, eu já agradeço demais. O que não puderem, me passando custos e orientações, eu vou atrás – Sueli explicou e Dra. Eunice envolveu suas mãos nas dela.

– Celeste é uma menina incrível, única, e você sabe disso. Ela está bem de saúde e faremos de tudo para que ela continue assim e floresça ainda mais. Tudo vai dar certo, Sueli.

– Obrigada... muito obrigada – Sueli agradeceu tentando não se emocionar, mas falhando admiravelmente.

– Obrigada, de coração – Celeste falou, com um sorriso enorme no rosto.

Durante as férias mesmo começariam as primeiras avaliações. Celeste não queria esperar mais nenhum dia para começar. Mesmo se ela soubesse que seriam meses de muitas consultas, acompanhamento, conversas e mais, ela não teria mudado nada. Com o peito repleto de felicidade por ter finalmente dado esse pontapé no seu diagnóstico, ela

Única

subiu a rua para a casa de Gabi sorrindo. Agora, ela queria compartilhar isso com todos os amigos.

Sueli foi para a casa da mãe e contou tudo o que aconteceu. Emérita se levantou, foi até a cômoda e pegou um pedaço de papel. Quando voltou, mostrou para a filha, que arregalou os olhos marejados.

— Eu disse que ela não estaria sozinha — Emérita falou, seus olhos sábios sorrindo. Nas mãos enrugadas, a carta de tarô que representava o Coração.

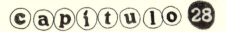

— Não, não vou ver *Crepúsculo* de novo nem *Jogos Vorazes* – Malu falou enquanto Gabi passava os filmes nos canais da TV da sala.

— Ei, chega de ódio aos clássicos!

— Clássicos? *Goonies* é um clássico. *Crepúsculo* saiu ontem! – disse Cadu.

— Que mané saiu ontem! A gente mal engatinhava quando ele chegou aos cinemas. Toma tenência, Cadu! Eu juro que seu corpo de dezessete esconde um adulto de quarenta.

— Isso soou igualmente macabro e desconcertante.

Para dar privacidade a Celeste, Cadu subiu a rua para a casa da Gabi onde já estavam Theodoro e Malu. Bernardo tinha algum treino e chegaria depois e Philippa ia sair com os amigos. De vez em quando, o grupo se esquecia de que ela era mais velha e tinha o próprio grupo de amigos.

— Olhar o celular de 2 em 2 segundos não vai fazer Celeste chegar mais rápido. Aliás, qual é da ansiedade? Não, a gente não vai ver *K-Dramas*, Gabi! Você sabe que eles são longos e eu tenho vício – disse Malu enquanto ela dava um tapinha nas costas da mão de Gabi.

— Mas eles são tão românticos! – chiou a loira.

— Por isso mesmo. Aí vou ficar querendo maratonar um inteiro e não vou dar atenção a vocês. A gente combina de ver juntos nas férias. Mas não agora.

— Oba! Combinado – Gabi bateu palminhas como uma criança feliz e um leve sorriso tocou os lábios de Theodoro. Nossa, ele estava muito apaixonado.

— Celeste chegou! – Cadu berrou, pulou as costas do sofá e correu para a porta.

– Para quem se diz sedentário, isso foi de grande agilidade – Theo comentou enquanto olhava por onde Cadu tinha saído para ver ele e Céu andando em sua direção de novo. Eles trocavam palavras baixinho.

– Gente! Celeste tem algo muito importante a dizer – Cadu disse e pulou de volta para o sofá enquanto Celeste dava a volta e se sentou no braço da poltrona mais próxima, onde Theo estava sentado.

– Bem, tem algo que eu quero falar pra vocês, mas eu não sabia quando seria o melhor momento.

Celeste explicou como ela e Theo, muito antes de o Projeto se formar, estavam pesquisando sobre sua suspeita de ser autista. E como o Projeto acabou caindo, em parte, sobre a mesma temática e como ter o diagnóstico a ajudaria a tirar dúvidas sobre si mesma. Ela pedira ajuda a Cadu com a desculpa que era sobre o Projeto, mas ela quis falar com os pais dele para tentar achar um caminho para iniciar o diagnóstico e tinha dado certo. E Cadu, no meio entre marcar com os pais e tudo o que tinha acontecido, tinha juntado as peças e Celeste acabara contando para ele primeiro. E pronto, agora todos sabiam. Além de tentar conquistar uma bolsa de estudos, os amigos estavam ajudando-a a obter o diagnóstico de autismo.

Quando parou de falar, passaram-se alguns segundos em silêncio e então Celeste sentiu a mão de Theo apertar a sua.

– Isso é uma notícia muito, muito boa, Céu – ele disse, com um sorriso nos lábios.

– Aviso de berro em três, dois... – Gabi falou e ela e Malu pularam, bateram palmas e correram para abraçar Celeste, como fizeram quando o pedido para a direção do CSI foi aceito.

Ela ainda estava pulando e contando tudo para Malu e Cadu, que mal notou quando Gabi esbarrou no sofá e caiu sentada no colo de Theo. Foram segundos em que eles ficaram meio sem graça de estarem tão próximos, mas também não

Capítulo 28

queriam se distanciar. Se ela virasse a cabeça e ele abaixasse a dele só um pouquinho, seus lábios se tocariam. E não teria sido a primeira nem a décima vez que se beijariam, mas todas as vezes entre eles eram mágicas. Cafona? Sim. Verdade absoluta? Com certeza!

Mas o barulho de passos no corredor fez Gabriela pular de volta e se sentar do outro lado da sala. O movimento fez aquele sorriso enviesado e extremamente lindo de Theo surgir em seus lábios.

– Finalmente consigo conhecer seus amigos! – disse uma voz rouca e muito simpática.

A mãe de Gabi realmente era um mistério. Ela tinha mostrado fotos da mãe, mas só Cadu e Malu a conheciam pessoalmente. Era inegável que as duas eram mãe e filha, porque o mesmo cabelo loiro quase branco da filha era compartilhado pela mãe. Só que quando os de Gabi tocavam os ombros, os de sua mãe tinham o mesmo corte dos de Celeste.

Feitas todas as apresentações, ela os fez sentirem-se em casa e disse que estaria no estúdio com o marido se precisassem de alguma coisa.

– Já que você é portadora das melhores notícias, você escolhe o primeiro filme, Céu – disse Gabi e entregou o controle para Celeste, que se aconchegou no sofá.

– Eu sou péssima para escolher. Eu geralmente assisto a poucas coisas que já não conheça.

– Então vamos fazer por sorteio ou nunca vamos escolher nada – Malu disse.

Eles escreveram em pedaços de papel vários títulos de filmes de que gostavam ou que queriam ver e que estavam disponíveis e colocaram dentro do gorro de Theo. E assim foram escolhendo cada filme. No meio disso tudo, Bernardo chegou e colocou suas indicações no gorro também. Alguns foram bons, outros eles reclamaram o filme inteiro, e um deles, de terror, eles assistiram no mudo e acionaram legendas para Céu e Theo ficarem confortáveis.

Entre um filme e outro, durante a pausa para irem ao banheiro e buscarem mais belisquetes, Celeste puxou Bernardo para a varanda e contou sobre o diagnóstico. Ela sabia que os amigos ficariam felizes por ela, mas tinha algumas dúvidas sobre como Bernardo reagiria.

– Céu, isso é incrível! – ele respondeu, segurando gentilmente os ombros dela – Era o que você queria, não era?

– Era sim. Eu estou muito, muito empolgada – Celeste falou e abriu um sorriso capaz de iluminar um céu inteiro, uma galáxia até! E Bernardo sentiu o impacto daquele sorriso bem no fundo do peito, como se uma cordinha puxasse levemente seu coração.

– O que eu puder fazer para ajudar, é só falar – ele disse e ela mergulhou em seus braços, apertando-o levemente contra o corpo, deixando-se confortar pela proximidade dele. – Se você soubesse como eu adoro quando você faz isso! – ele falou, com a voz rouca.

– Isso o quê? – Celeste perguntou, com o rosto quase no pescoço de Bernardo.

– Me convida para chegar perto.

Bernardo a manteve no abraço e beijou sua testa, feliz por ter Celeste em sua vida e por ser o que ela precisava. Eles poderiam ficar horas nesse abraço, se não fosse pela batida no vidro de Cadu.

– Não querendo interromper, mas interrompendo, a gente vai começar outro filme. Theo escolheu.

– Claro. Você pode ficar por dois minutinhos, Cadu. Queria tirar uma dúvida contigo – Bernardo falou ao soltar Celeste e já sentir falta dela. Ela foi para a sala e ele tomou seu lugar na varanda.

– Se você vai querer me abraçar como estava abraçado nela, desiste. Sou ciumento e não rola trisal – Cadu brincou e Bernardo riu.

Capítulo 28

– Não, eu tô de boas só com uma namorada mesmo – Bernardo deixou escapar e corou.

– Namorada? Ela sabe? Você já usou esse termo? É oficial? – Cadu se fez de chocado e fez várias perguntas rapidamente, uma atrás da outra.

– Você quer calar a boca por 2 segundos e ouvir o que eu tenho pra te perguntar? – Bernardo sussurrou de forma mais urgente, mas estava rindo.

Cadu concordou e parou de zoá-lo por tempo o suficiente para ver que Bernardo estava buscando palavras para fazer uma pergunta.

– Tá, ele disse para eu disfarçar, mas eu não sei fazer isso, então vou mandar na lata, tá bom? É o seguinte, lembra do Gustavo? Aquele meu amigo que joga com a gente? Acho que você já o viu algumas vezes nos jogos entre as nossas escolas.

Cadu sabia quem era Gustavo porque secretamente *stalkeava* as redes sociais dele, sabia que ele era aluno do São Joaquim e já jogou *videogame* várias vezes com ele. Além de gato, ele era muito legal, ia aos jogos para torcer pelos amigos, mas sua competição *off-line* era o nado. Era um espetáculo! Cadu poderia ter dito tudo isso para Bernardo, mas preferiu se fazer de desentendido.

– Sei quem é, sim – fingindo que não estava surtando internamente.

– Então, ele super tem um *crush* em você faz um tempo, só que é tímido pra caramba. Mas acho que, depois do que aconteceu, ele decidiu perguntar se você não estaria a fim de pegar um cinema, de repente.

– O que o fez tomar coragem? Cadu perguntou.

– Digamos que ele veio falar comigo e eu posso ter dito algo como "para de besteira e vamos fazer esse *ship* acontecer". Aí eu acho que ele resolveu chegar... através de mim, mas um passo de cada vez, né?

– Bom, pode dar meu telefone para o Gustavo. A gente pode se falar para marcar alguma coisa.

Os dois voltaram para a sala de TV e Cadu pediu 2 minutos para dar um pulo no banheiro antes do próximo filme. Enquanto se ajeitavam nos sofás, nas poltronas e no chão da sala, Gabi sentiu seu telefone vibrar com uma mensagem privada.

Cadu: Amiga, eu PRECISO te contar uma coisa. Gustavo vai me chamar para sair. *Gif de fogos de artifício estourando.*

Gabi: SEN-SA-CI-O-NAL! Depois me conta TUDO, mas tipo, não os detalhes, só palavras! Quero saber o que ele vai dizer. YAY! MEU SHIP!

No fim daquela noite, Celeste estava exausta. Foram vários filmes, muitos estímulos e papos e risadas, mas também a possibilidade em um diagnóstico. O pai de Malu foi buscá-la e não se importou em dar carona para Celeste e Bernardo também. Ele pediu para ser deixado na portaria do prédio de Celeste e ia andando para a casa da avó. Theo ficou para esperar a irmã, que estava deixando uma amiga perto da casa de Gabi. E Cadu, notando que Theo queria ficar a sós com a amiga, decidiu ir para casa e trocar todas as confidências sobre os *crushes* depois.

Celeste viu a luz da sala acesa pela janela e sabia que a mãe já tinha chegado. Sentiu Bernardo segurar sua mão e voltou-se para ele, o carro com Malu e o pai já descendo a rua.

– Então, eu queria te fazer uma pergunta, ou melhor, deixar as coisas às claras – Bernardo falou e Celeste ficou em silêncio para ele continuar.

– Celeste, você sabe que eu gosto muito de você, né? – Bernardo falou e Celeste sorriu, passando a mão pelo cabelo curto.

– Eu também gosto muito de você – disse, com a voz baixinha e tímida.

Capítulo 28

— Tipo, deixa eu tentar quantificar para você entender. Eu gosto o bastante para maratonar todas as temporadas de *Arquivos Criminosos* contigo, mesmo não sendo tão fã da série como você.

Os olhos de Celeste brilharam e Bernardo pôde contar todas as poucas e leves sardas que ela tinha no nariz.

— E, assim como você, eu não gosto de rótulos, mas Cadu me perguntou hoje se estávamos namorando e, bem, eu queria poder dizer oficialmente que sim. Você topa?

Celeste conseguia ver a pálida pele de Bernardo começar a ficar vermelha. Ela sabia que ele falava pelos cotovelos quando nervoso. Então, por ele ter falado isso de forma tão objetiva ela deduziu que ele veio pensando nisso por muito tempo.

— Eu gosto desse diagnóstico — ela respondeu e deu um passo à frente, com os lábios indo de encontro aos do namorado.

— Graças a Deus — ele sussurrou sorrindo e a puxou para perto, os lábios se encontrando em mais um beijo doce, celebrando um dia de férias, possibilidades e muito, muito carinho.

Ainda na casa de Gabi, Theo torcia o gorro nas mãos enquanto esperava a chegada da irmã. Os dois estavam na frente da casa dela. Ele estava visivelmente nervoso e ela era muito curiosa, então essa combinação não ia funcionar.

— Você está nervoso. O que está acontecendo?

— Eu gosto muito de você e não sei nem quero fazer joguinhos como quem não gosta — Theo falou e surpreendeu Gabi de tal forma que ela não conseguiu falar nada de imediato. Ele prendeu o gorro no bolso de trás da calça e olhou para ela, esperando uma reação.

Única

— Então não faz, Theo — ela sussurrou.

— Mas eu não sei lidar com tudo o que eu estou sentindo e não sei como você vai reagir, e esse não saber me deixa ansioso — ele disse, passando as mãos pelos cabelos e cruzando os dedos atrás da nuca.

— Olha pra mim — Gabi esticou os braços e segurou os de Theodoro, puxando-os levemente para baixo para que ele pudesse encará-la. Mas a diferença entre alturas era grande e ela o puxou até que ele sentasse na beira da mureta da casa e ela se colocasse entre as suas pernas. Gabi levou os braços até seu pescoço e automaticamente Theo colocou as mãos em sua cintura, sem fazer menção em puxá-la mais para perto. Seus olhos cinzentos encontraram os azuis-piscina de Gabi.

— Então vamos por partes: por que você não me diz o que está sentindo?

— Porque eu estou com medo e eu detesto sentir medo.

— Alerta de *spoiler*: ninguém gosta de sentir medo, Theodoro. E não, filmes de terror e montanha-russa não contam e você sabe disso — Gabi emendou e segurou o rosto de Theo nas mãos. — Do que você tem medo?

— Você vai mudar de cidade? — ele perguntou e ela franziu o cenho.

— É uma possibilidade, uma que só vou realmente avaliar ano que vem ou talvez só depois de me formar. Talvez fique um ano fazendo intercâmbio antes da faculdade. Eu ainda não sei.

Theo balançou a cabeça e fez movimento para se levantar, mas Gabi o segurou no lugar.

— Depois do que rolou na biblioteca, eu conversei com a minha mãe — Gabi falou baixinho. — E estou falando sobre isso na terapia. Estou aprendendo a lidar com esse medo de perda. Mas, mesmo se não tivesse isso, a gente meio que se cansou de ter a família tão separada. E estamos vendo o que é possível para ficarmos todos juntos.

Capítulo 28

– Que bom – Theo falou baixinho, seus olhos demonstravam a sua tensão, mas também a sinceridade das palavras. – Fico feliz que esteja melhorando, Gabi. Mesmo.

– Então fala pra mim, o que está acontecendo com você?

Theo suspirou, fechou os olhos por um instante, como se tomando coragem, e voltou a encarar Gabi antes de falar.

– Você não é a única que tem questões com perda, só que as minhas são um pouco diferentes.

– Eu sei disso – ela sussurrou.

– Eu não quero ficar longe de você – Theo confessou. – Então, eu preciso que você me diga se quiser que eu fique, porque eu não vou voluntariamente fazer isso, Gabriela.

– E por que eu iria querer você longe?

– Eu não sei o que você quer e isso é parte do medo.

– Então prefere que eu te diga agora, neste minuto, o que eu quero?

Theo fez que "sim" com a cabeça e seu semblante era uma mescla de ternura e ansiedade.

– Bem, eu quero que você não se preocupe com o futuro. A gente está junto agora e quero aproveitar cada minuto com você. E prometo te dizer se não quiser você perto, o que eu acho que vai ser raro, já que adoro ficar ao seu lado, tipo, toda hora, a todo momento – Gabi explicou e as mãos de Theo a trouxeram um pouquinho mais para perto.

– Por último, eu quero muito, mas muito mesmo, que você me beije. Se você quiser, é claro – Gabi disse e viu o cinza dos olhos de Theo quase sumir. Nessa luz, seus olhos eram quase pretos.

Ela deu um passo à frente e as mãos dele subiram por suas costas, aprisionando-a em um abraço que era cheio de carinho. Os dedos de Gabi passearam pelo rosto de Theo e ele jurava que seu coração ia fugir do peito. Lentamente, ele abaixou o rosto e seus lábios encontraram os dela e os medos de Theo sumiram.

Única

Quando se soltaram, colaram testa com testa e, embora Gabi adorasse Philippa, desejava que ela tivesse furado um pneu. Porque ela queria ficar nos braços de Theo para sempre.

– E o que você quer, Theo?

– No momento? Só te beijar de novo.

E foi o que fizeram.

capítulo 29

As férias foram curtas demais para tudo o que aconteceu. Além do início de todos os processos para o diagnóstico de Celeste, o grupo teve sua amizade colocada ao primeiro teste. Com exceção de Malu, todos estavam ou namorando uns com os outros ou saindo com alguém de fora do grupo. E isso significava organizar o tempo entre dar atenção para os seus amigos e para namorados e namoradas, o que todos sabemos que é muito mais difícil do que parece.

Audiências entre os pais de Celeste sobre a pensão aconteceram. Tudo estava a favor delas e faltava pouco para a questão ser resolvida. Mas era desgastante para Sueli passar por isso, ter que forçar a mão do ex-marido para fazer o mínimo pela própria filha. E, enquanto o dinheiro da pensão não entrava, os irmãos de Sueli seguiam ajudando mensalmente para ela não atrasar as mensalidades. Ela jurou que iria pagar a todos novamente assim que a questão fosse resolvida, mas Dona Emérita criou bem os filhos.

– Relaxa, Su. Dá gosto ajudar nos estudos da Céu. Não se preocupa com isso. Mas não dá mole pro seu ex-marido, não! Ele tem que fazer o mínimo! É uma bênção a filha que ele tem mas não reconhece, não valoriza. Deus tá vendo e a lei vai ver também – eles disseram.

E estavam certos.

Hoje
(de volta ao auditório)

capítulo 30

Celeste aguardou o burburinho diminuir e tomou o lugar de Theo em frente ao microfone. Ele ficou ao seu lado e segurou sua mão. Ela suspirou, encontrou o olhar de sua mãe na plateia e disse:

— Boa tarde. Meu nome é Celeste e eu sou peculiar. Foi assim que me chamaram toda a minha vida. Mas durante este ano eu descobri uma coisa que faltava na minha identidade. Assim como Theodoro, eu também integro o espectro autista. Eu tenho TEA e foi esse Projeto, meus amigos e seus pais que me ajudaram a ter acesso ao diagnóstico, que ainda é um privilégio de poucos no Brasil, um país que conta com cerca de 2 milhões de pessoas autistas.

— Uma a cada cerca de cento e cinquenta crianças nasce no espectro autista — Malu disse ao entrar no palco e se juntar aos dois. — E se formos adicionar todos os tipos de neurodivergência que citamos no Projeto, e que não são todos, o número é muito maior.

— Não é "moda", não é pejorativo, não é desculpa, frescura ou doença — Gabriela falou ao se juntar aos amigos no palco. — É parte da identidade de uma pessoa, do mesmo jeito que nós, que não temos neurodivergência, somos chamados de "neurotípicos", quem tem é chamado de "neurodivergente".

— Todos esses termos estão dentro de um espectro, o da normalidade — completou Cadu ao subir ao palco. — Ser "normal" é muito mais amplo do que nós fomos ensinados a achar.

— Algumas das peculiaridades estão ligadas ao som, por isso pedimos a todos que não aplaudissem quando subimos ao palco — explicou Theo. — Vocês receberam tampões de ouvido. Por favor, coloquem-nos agora – depois de uma pausa enquanto todos colocaram os tampões, Theo continuou. – Vocês conseguem nos ouvir, correto? – alguns balançaram a cabeça e outros levantaram a mão com o polegar para cima. – Agora imaginem que estão em um jogo de vôlei ou em um *show*. Esse tipo de diferença de estímulo é necessário para nós conseguirmos integrar essas atividades. Muitas vezes, alguns de nós nem com abafadores de ruídos conseguem.

Mais burburinho enquanto tiravam os tampões de ouvido e se entreolhavam.

– Vejam esse *slide*, por favor.

Um *slide* apareceu e mostrava um texto, mas com algumas palavras que não faziam sentido, algumas faltando e algumas ao contrário.

– O que está escrito aí é, literalmente, uma receita de bolo, mas muitas pessoas enxergam assim da primeira vez que leem. Essa neurodivergência se chama dislexia e é um exemplo de divergência ligada a ensino.

Eles apresentaram mais dados sobre neurodivergência e autismo no Brasil e no mundo, a importância do diagnóstico como forma terapêutica para explicar partes da identidade da pessoa e como forma de garantir que se cumpram direitos protegidos por lei.

– A neurodivergência não tem uma cara. Cada pessoa é única e precisa de tratamento e apoio adequado – Theodoro falou.

– E a escola é um lugar onde não só neurodivergentes podem ser identificados por educadores, o que pode ajudar os responsáveis a diagnosticar e auxiliar os alunos, como também o lugar onde eles podem receber o apoio necessário para seu desenvolvimento. Porque todo neurodivergente é diferente, é único, assim como todos os neurotípicos são. E todos nós somos crianças que vamos crescer. Repetir comportamentos arcaicos não gera progresso – finalizou Celeste.

Capítulo 30

– O marcador de vocês conta com um *QR code*. Ao acessá-lo, vocês poderão ler todo o material do nosso Projeto e ver entrevistas que fizemos com outras pessoas neurodivergentes, mas que não puderam estar aqui hoje. Nosso grupo chama-se TEA no Ensino porque a sigla para transtorno do espectro autista também significa "chá", em inglês. Então, convidamos todos a tomarem esse chá de ensino conosco e a mudar a forma como lidamos com a neurodivergência. Obrigada – encerrou Malu.

A professora de Teologia, que estava sentada na primeira fileira do auditório, levantou-se rapidamente e abanou as mãos com entusiasmo. Todos ali reconheceram que era o gesto em Libras, a Língua Brasileira de Sinais, usado para aplausos. Em segundos, todo o auditório se levantou e abanou as mãos com afinco e os olhos dos alunos em cima do palco se encheram de lágrimas.

Reconhecimento com respeito. O Projeto tinha chegado ao fim.

Depois da apresentação, foi um esforço hercúleo se manter no auditório para assistir ao último grupo. Malu, Celeste, Theo, Gabi e Cadu se sentaram juntos e cercados por seus familiares, que só tiveram um tempinho para trocar vários "vocês foram incríveis" e "estamos orgulhosos" e, claro, inúmeros lencinhos de papel foram distribuídos.

Mas então as notas foram impressas e colocadas no mural de avisos no pátio da escola. Gabi chamou o processo de "medieval", mas Cadu, que já sabia que isso aconteceria, tinha programado os celulares de todo mundo para receber o alerta de quando as notas entrassem na área logada do *site* da escola. Enquanto estavam tentando sair do auditório em direção ao pátio, os celulares vibraram. E eles não tiraram notas máximas em todas as matérias.

Gabi chorava baixinho, agarrada a Theodoro, que a segurava com um braço e acariciava suas costas com o outro. Celeste estava congelada no lugar, sem saber como reagir. Cadu recarregava a página das notas inúmeras vezes para ver se tinha ocorrido algum erro. E Malu... Malu estava *full* pistola.

– Isso é uma palhaçada! A gente mereceu cada dez! Isso é desculpa para não darem a bolsa pra Celeste! – ela esbravejava enquanto andava de um lado para o outro do pátio.

– Só não tiramos nota máxima em duas matérias e essas notas foram 9,5. Pelo amor de Deus! – Cadu reclamava.

– Respirem, pessoas – Ricardo, pai de Malu, falou ao trazer todo mundo para o mesmo grupo. – E olhem ao redor.

Os cinco jovens e seus parentes pararam e olharam ao redor do pátio. As famílias se abraçavam e se congratulavam pelas apresentações. Então notaram o que estava acontecendo: em todos os grupos que estavam espalhados pelo pátio, pelo menos uma pessoa – aluno ou responsável – estava acessando o *QR code* do marcador.

– Olha o impacto que vocês tiveram em todos aqui – Ricardo voltou a falar. – Talvez, novos diagnósticos e tratamentos serão iniciados pelo que vocês fizeram aqui hoje. Isso não é algo fácil de ser esquecido, muito menos ignorado.

– E é uma excelente matéria para o jornal da tarde, ou um passarinho assim me disse – Vera, mãe de Malu, falou ao chegar à rodinha deles. Malu voou para os braços da mãe, que a abraçou forte e a encheu de beijos – Eu estou tão, mas tão orgulhosa de você! Eu cheguei atrasada e assisti da entrada. Aliás, todos vocês foram incríveis!

– É sério, tia? Vai sair no jornal? – Gabi perguntou fungando, com os olhos arregalados.

– Vai sim. A matéria é sobre neurodivergência e a importância de vários tratamentos serem cobertos pelo SUS. Claro que uma forcinha na rede de ensino vai muito bem – Vera completou.

– Se vocês tiveram um grande efeito aqui, imaginem quando for para o jornal? Mandou bem, Vera – Ricardo completou.

– Obrigada, querido. Antes de irmos, preciso dar uma palavrinha com a diretora. Afinal, pedimos permissão para a gravação e foi graciosamente concedida. Então vou agradecer e a gente sai pra comemorar, que tal? Sueli, me acompanha, por favor?

Vera e Sueli, as mães de Malu e Celeste, seguiram para a sala da direção. Sueli passava as palmas das mãos na saia tentando secá-las. O nervoso por obter a resposta sobre a bolsa de estudos para a filha era grande, mas ao mesmo tempo ela sentia que o colégio havia sido pressionado a concedê-la. Isso não parecia correto e ela tomou coragem e falou isso para Vera antes de chegarem à direção.

– Sueli, o colégio já concedeu a bolsa, dias atrás. Ela entra em vigor no início do próximo ano letivo – Vera disse tranquilamente e Sueli parou de falar, piscando, tentando entender. Vera continuou.

– Quando Malu me contou o que tinham planejado fazer, eu já achei um absurdo Celeste e outros alunos já não terem esse tipo de acesso. E fui pesquisar. Claro que o CSI precisaria ter um esquema de bolsas de estudos, pelo amor de Deus, estamos na segunda década do século XXI! E Malu não estava errada no que ela encontrou na documentação da escola. Mas sabe como é a burocracia em instituições brasileiras. Resumo da ópera: eles instituíram uma bolsa de estudos chamada Céu Infinito. A de Celeste será a primeira.

— Mas então e a matéria? – Sueli perguntou, ainda tentando entender.

— É realmente necessária e realmente vai ajudar muita gente.

— E todo esse ano de trabalho no Projeto deles foi em vão?

— Não – Vera disse e se moveu para se sentar em um banco próximo a uma escada. Sueli se sentou ao lado dela. – Nossas filhas e seus amigos fizeram um trabalho incrível e que, como Ricardo disse, realmente tem o potencial de mudar muitas vidas. Mas as delas também precisavam dessa mudança, não concorda?

Os ombros de Sueli caíram e com eles toda a tensão que estava sentindo se foi. Vera colocou em palavras o que Sueli notou e vinha sentindo durante todo o ano, mas não conseguia expressar. Foi graças ao Projeto que Celeste fez amizades, que tinha conquistado seu diagnóstico. A bolsa ela já tinha conquistado antes, só não sabia.

— Grandes instituições precisam de vigilância constante nossa para não saírem dos trilhos. Eles aprenderam isso neste ano e acho que nós com eles – Vera concluiu.

— Com tudo o que tem acontecido com o divórcio e a pensão e... minha Celeste... como você conseguiu passar por tudo isso?

Vera arregalou os olhos e fez uma careta como quem diz "ish, longa história".

— Nosso casamento já não ia bem fazia algum tempo. Ricardo é um homem maravilhoso e um pai incrível, mas não se deu bem com o papel de ser meu marido. E até eu entender isso achei que a culpa de o nosso casamento falhar era minha. Mas não foi e nem foi dele. Ele só não deu certo – Vera disse, sorrindo. – Quem ouve, parece que foi fácil, simples, mas não foi. Se consigo ter essa noção hoje, se consigo não culpar nenhum de nós dois e ter um relacionamento excelente com meu ex-marido hoje é porque nós dois fizemos terapia, nós dois quisemos fazer o melhor para a nossa filha. E acredite em mim quando falo que essa jornada não foi fácil nem simples.

Capítulo 31

— Não tive essa sorte com o pai de Celeste.

— Ele não ser bom pai não tem qualquer relação com você ou com sua filha. Isso é responsabilidade toda dele. Não carregue um peso que não é seu.

— Realmente, não é simples – Sueli murmurou.

— Não, não é, mas também não precisa ser solitário – Vera complementou e seus olhos encontraram os de Sueli. – Se quiser conversar sobre isso, conte comigo.

— Obrigada, Vera. Fico muito contente por minha Celeste ter encontrado sua Malu. Acho que nunca serei capaz de expressar a importância que sua filha tem para a minha.

— Igualmente, querida – Vera disse e segurou uma das mãos de Sueli na sua. – Tiramos a sorte grande na loteria de filhas! E elas na loteria de mães – Vera concluiu, sorrindo.

As duas entraram na sala da diretoria para fechar a parte que cabia a elas do Projeto: a de apoiar suas filhas.

Epilogo

"Bolsa de estudos Céu Infinito: voe mais alto".

Esse era o nome da bolsa de estudos que Celeste conquistou com a ajuda dos melhores amigos que uma garota poderia ter. O nome era cafona? Era, mas era dela e de muitos outros que poderiam realmente voar com um impulso importante desses.

Depois de muito celebrarem a conquista da bolsa – e finalmente honrarem as notas altíssimas que conquistaram –, o grupo se separou pela primeira vez desde aquela primeira reunião na biblioteca.

Nas férias de fim de ano, Malu acompanhou o pai em várias partidas do time de vôlei. Ela amava jogar, mas era excelente olheira e tinha tudo para se tornar uma incrível treinadora. Sim, ela ia fazer faculdade, mas um pseudoestágio como esse não podia deixar passar, né?

Cadu, que ainda estava saindo com Gustavo, também passou um tempo exclusivamente com os pais. Com tudo o que aconteceu nesse último ano, a família decidiu passar um tempo junta. E foi engraçado, relaxante e muito, muito necessário.

Gabriela viajou com os pais durante algumas semanas enquanto sua mãe resolvia a questão no trabalho. Pelo menos até o ano seguinte, ela ficaria no Rio de Janeiro direto. A família queria ficar junta e a mãe de Gabi estava cansada de tantas viagens, e isso significava também não cogitar uma mudança de cidade. Logo, os planos era de ficarem juntos no Rio, o que acalmou muito tanto Gabi quanto Theo. Mas, enquanto ela viajava com os pais para acertar tudo isso, falava com Theodoro todos os dias antes de dormir. Os dois estavam muito apaixonados! E claro que Philippa aproveitava os finais de conversa, quando geralmente sussurravam baixinho "amo você" para entrar no quarto e berrar "meu tropo favorito, meu *grumpy/sunshine* cuti-cuti!".

Celeste e Bernardo também seguiram firme o namoro durante as férias. Conforme Celeste avançava na terapia, eles viam filmes juntos, nadavam juntos (com Rodrigo também!) e foram a alguns eventos com mais gente, sempre respeitando os limites que Celeste tinha. Ah, e Rodrigo tinha finalmente terminado todas as temporadas de *Arquivos Criminosos* (e reclamara muito da pouca quantidade de beijos que o seriado tinha).

A matéria que foi ao ar no jornal da tarde viralizou, ainda mais com o conteúdo do *QR code* que criaram. E uma das pessoas que assistiu foi Arnaldo, pai de Celeste. Depois da matéria, ele ligou para Sueli querendo falar com a filha e, para sua surpresa, Celeste aceitou. Ele começou falando que a tinha visto na televisão, que sabia que ela tinha uma bolsa de estudos e que "a filha do papai tá famosa!".

— Eu sou autista — Celeste falou, calando a voz do pai imediatamente. — Você desistiu de ser meu pai há muito tempo. Quando você foi embora, disse pra minha mãe que não tinha culpa se eu fosse quebrada, que a culpa era dela. Não é culpa de ninguém porque eu não estou quebrada — Celeste disse e parecia que um peso havia sido levantado de seus jovens ombros. Mas ela tinha muito a dizer e não ia deixar essa oportunidade passar.

— Eu sou autista e sou uma ótima nadadora e eu *conquistei* essa bolsa de estudos, não *ganhei*. E, embora seja uma das melhores alunas da escola e tenha os melhores amigos, meu pai acha que não precisa fazer o mínimo. Você me fez achar que não existia lugar pra mim na sua vida, no mundo. Mas eu achei o meu lugar, e ele não é sendo sua filha. Porque não tem nada de errado comigo. Quebrado é você — Celeste finalizou, entregou o celular para a mãe e foi para o quarto.

Pronto, ela tinha dito tudo o que um dia sonhara ter coragem e oportunidade de dizer para o pai. Fim. Acabou. Ela não ia mais deixá-lo impactar sua vida, alimentar seus pesadelos,

Epílogo

seus medos nem aquela sensação de não pertencimento que sempre a acompanhava. Não podia fazer isso com ela mesma. Não mais. Chega.

Ela entrou no grupo e contou tudo para os amigos, que a entupiram de mensagens de apoio, *gifs* e muito carinho. Porque família também é isso, é quem nos acolhe e quem a gente escolhe. E a dela, agora, estava completa e era como ela: única.

Nota da autora

Pensei em diversas maneiras de como iniciar essa parte do livro, que conta um pouco a pesquisa feita e o desafio e a responsabilidade de escrever uma história com protagonismo neurodivergente. Mas toda essa jornada se resume a uma palavra: medo.

Tive medo pela abrangência do tema, pelo universo plural dele. Tive medo de, por mais que conversasse com pessoas no espectro, assim como seus familiares, fosse incapaz de representá-las da forma correta. Tive medo de que, por mais que lesse vários livros, artigos e material sobre neurodivergência – principalmente o TEA –, não fosse capaz de colocar no papel a importância de falar a respeito.

O medo pode ser incapacitante e muitas vezes foi. Mas a coragem surgiu conforme criei Celeste, Malu, Cadu, Gabi e Theodoro. Apoiei-me neles e, com o conhecimento que adquiri durante a pesquisa, deixei-os contar um pouco de suas histórias. E, pode parecer estranho dizer isso, mas eles me mostraram o caminho.

Minha esperança ao escrever *Única* é ter o mesmo resultado do final do Projeto dos protagonistas: que essa história seja o início de conversas. Espero que ela seja só o primeiro passo para que você, que leu até aqui, comece a buscar conhecer mais a pluralidade que é a neurodivergência.

Nas próximas páginas, vou compartilhar algumas das fontes de pesquisa que usei para escrever *Única*. Além de livros, *sites*, artigos e *podcasts*, conversei com pessoas que estão no espectro – em diferentes níveis – e que me receberam com carinho e atenção, assim como as mães e os responsáveis que apoiam pessoas com TEA. Espero que todos tenham gostado da história.

Uma nota sobre a série que Celeste assiste durante a história: sim, *Arquivos Criminosos* é minha homenagem a outro seriado que tem um personagem chamado Reid. Se você sabe qual é, um abraço especial para você!

E, por último, nomes de vários personagens neste livro foram homenagens a meus familiares e a alguns amigos. Como disse no início desta nota, o medo foi meu constante companheiro nessa jornada de escrita, e poder homenagear familiares e amigos me deu um pouco mais de coragem.

Livros

- **Retratos do autismo no Brasil**, de Ana Maria Serrajordia Ros de Mello, Maria América Andrade, Helena Chen Ho e Inês de Souza Dias. São Paulo: Associação de Amigos do Autista, 2013.
- **A diferença invisível**, de Mademoiselle Caroline e Julie Dachez. São Paulo: Nemo, 2017.
- **Autismo ao longo da vida**, de Deborah Kerches (coord.). Literare Books International, 2022.
- **O cérebro autista: pensando através do espectro**, de Temple Grandin e Richard Panek. Rio de Janeiro: Record, 2013.
- **Autismo de alto desempenho**, de Geraldine Dawson, Sally Ozonoff e James C. McPartland. São Paulo: Autêntica, 2015.

Links

- Lei n. 12.764, de 27/12/12, institui a Política Nacional de Proteção dos Direitos da Pessoa com Transtornos do Espectro do Autismo (Disponível em: http://www.planalto.gov.br/ccivil_03/_Ato2015-2018/2015/Lei/L13146.htm. Acesso em: 6 set. 2023.)

- Autismo em adultos – *podcast* com o Dr. Drauzio Varella (Disponível em: https://www.youtube.com/watch?v=2j3fX-2Ju2XI. Acesso em: 6 set. 2023.)

- Associação de Amigos do Autista (Disponível em: https://www.ama.org.br/site/. Acesso em: 6 set. 2023.)

Agradecimentos

Escrever *Única* foi muito, muito difícil e, assim como Celeste, eu não teria chegado até aqui sozinha.

Agradeço ao meu marido, Rafael Carone, que me apoiou toda vez que eu deslanchava a falar da história e que aguentou meu teclado barulhento durante meus *sprints* de escrita (um deles durou 12 horas consecutivas!).

Muito obrigada à minha família e aos meus amigos, que apoiaram cada passo do caminho e me encorajaram a escrever a próxima página, e a próxima, e a próxima. Perdão por todas as vezes que não saí, não socializei e obrigada por entenderem! E um beijo especial para Alice (cujo sobrenome vou manter em segredo caso essa menção não seja "descolada" o suficiente). Obrigada por ter me ensinado tanto sobre ser jovem em 2022! Você me inspirou a escrever sobre o Projeto e sem ele eu ainda estaria tentando criar a estrutura de *Única*.

Durante todo o processo de pesquisa, conversei com muitas pessoas sobre TEA – estando no espectro ou apoiando quem está nele. Sou muito grata por sua atenção e generosidade.

Agradeço especialmente à maravilhosa e única Mary C. Müller, cuja ajuda foi essencial para o livro ser o que ele é hoje. E a Carla Cássia Maia, a primeira a *shippar* meus personagens.

Assim que estava prestes a começar a escrever *Única*, fiz uma pergunta para a minha agente, Alessandra Ruiz, e a resposta dela foi: "sim". Obrigada, Alê, por ter acreditado desde o primeiro momento que eu seria capaz de escrever esta história (e dentro do prazo!).

Obrigada a Martha Ribas, por ter me apresentado a Carol Sanches, que, por sua vez, me apresentou ao Beto Junqueyra, que veio a se tornar o meu editor na Estrela Cultural. Mulheres apoiando mulheres podem mudar o mundo! Obrigada por acreditarem em mim!

Obrigada ao Beto, a Ana Bassanetto e a toda a equipe da Estrela Cultural, que me convidou para este projeto incrível! A Estrela fez parte da minha infância e é um privilégio poder fazer parte de sua história.

E muito, muito obrigada a você, que leu cada palavra. Autores criam, mas é no ato de ler que a história ganha vida. Obrigada por ter dado vida à minha!

Frini Georgakopoulos

é jornalista e trabalha no mercado editorial. Apaixonada por histórias, é autora de *Sou fã! E agora?* (Editora Seguinte) e coautora dos livros *Criaturas e criadores: histórias para noites de terror* (Editora Record), *As quatro fases da Lua* e *Quatro pedidos de Natal* (Amazon KDP). Publicou os contos "Um nobre coração" e "Bem aqui", este último premiado no concurso Brasil em Prosa, promovido pelo jornal *O Globo* e pela Amazon.

É criadora e apresentadora do Clube Cheiro de Livro, evento que acontece mensalmente há catorze anos no Rio de Janeiro e *on-line*.

Única é seu primeiro romance jovem-adulto.